미적 인간을 위한 스무 개의 대화사전

문화예술교육의 오래된 화두를 던지다
미적 인간을 위한 스무 개의 대화사전
한국문화예술교육진흥원 엮음

이야기장수

책머리에

'아르떼365'가 걸어온 20년, 걸어갈 20년

2004년 '웹진 땡땡'으로 시작한 웹진 '아르떼365'가 창간 20주년을 맞았다. 우리나라 공공기관에서 발행되는 웹진 가운데 스무 해 동안 꾸준히 발행된 웹진은 아마도 유일하지 않을까 한다. 이렇듯 웹진 '아르떼365'는 지난 스무 해 동안 한국문화예술교육진흥원의 기관지로서 정책과 현장을 이으며, 한결같이 현장 예술교육가들의 허브hub이자 담론장이고 상상력의 젖줄로서 제 역할을 묵묵히 수행해왔다. 한 사람의 독자로서 웹진 '아르떼365'가 이처럼 여일如一한 자세와 태도를 갖고 창간 스무 해를 맞게 된 데 대해 온 마음을 담아 존경과 감사의 마음을 보낸다.

웹진 '아르떼365'는 지난 스무 해 동안 무엇보다 현장 친화적인 자세로 전국의 예술가와 예술교육가 곁의 '은미隱微한 당신' 같은 존재였다. 정책과 제도 변화를 말할 때에도 현장 사례와 새로운 아이디어를 내놓을 때에도 '아르떼365'의 어조는 현장의 예술교육가들 곁에서 '대화적 대화dialogic conversation'를 나누듯이 서로를 편들어주고 품어주려는 자세와 태도를 잃지 않았다. 만드는 방식이 우리를 결정한다는 사실을 우리는 잊어서는 안 된다. 그래서일까. 어느 순간 웹진이 발행되는 화요일이 기다려진다는 독자들 또한 많아졌다. 나 역시 2019년 편집위원회 체제로 전환한 이후 1기(2019~2021) 편집위원장으로 활동하면서 이 점을 적잖이 실감했다. 문화예술교육 정책 환경이 바뀌고, 정책이 질주한다고 현장이 쉽게 바뀌는 건 아니라는 점에서 웹진 '아르떼365'가 취하는 이와 같은 한결같은 태도는 꾸준히 유지되어야 마땅하다.

이 책 『미적 인간을 위한 스무 개의 대화사전』은 지난 스무 해 동안 '아르떼365'가 걸어온 길을 돌아보고, 걸어갈 20년을 조망하자는 차원에서 기획되었다. 지난 스무 해 동안 '아르떼365'에 수록된 콘텐츠를 토대로 빅데이터에 기반한 핵심 키워드 및 주제 열 개를 추렸고, 각 토픽에 대해 두 사람씩 모두 스무 명의 전문가들이 참여해 심도 있게 나눈 대담을 묶었다.

주요 핵심 키워드는 관점, 삶, 지역/공동체, 어린이, 협력, 문화다양성, 창의, 디지털 기술, 예술가, 공간…… 과 같은 주제들이다. 스무 해 전이나 지금이나 여전히 중요한 키워드들이 적지 않고, 2021년 지방일괄이양법 시행 및 본격화된 인공지능AI 시대를 맞아 새롭게 부상하는 키워드와 주제들 또한 여럿 있다.

미국 작가 수전 손택은 "아름다움에 압도되는 능력은 놀라울 정도로 억센 것"이라고 말했다. 세계를 새롭게 보게 하고, 낯설게 보게 하고, 다르게 보게 하는 예술의 강력한 힘 덕분이다. 예술과 예술교육이 세계의 획일성 대신에 세계의 복수複數성을 지향하는 것도 '부분적인 연결들'을 추구하려는 것도 그런 이유와 무관하지 않을 것이다. 예술은 '자유'의 땅으로 입국하려는 자들의 여권passport 이지 않은가.

신승환·정원철은 문화예술교육의 본질과 방향에 대해 심도 있는 대화를 나눈다. 철학자 신승환은 예술의 전복적 특성을 거듭 강조하며, 우리가 만들어가는 '서사'를 통해 인공지능 시대 정답이 아니라 해답을 찾아가야 한다고 강조한다. 판화가 정원철 또한 '서사적 사고'의 중요성을 강조하며, '나·들'의 탄생과 나·들로 구성된 공동체를 위한 예술교육의 역할을 기대한다. 독자 여러분께서는 두 분의 대화에 등장하는 '흩어지는 공동체'라는 표현에서 놀이와 저항이 결합된 예술 공동체에 대한 깊은 영감을 얻을 수 있을 것이다.

김월식·김혜일은 삶과 문화예술교육의 관계에 대해 성찰한다. 각각 다사리학교(경기도 수원), 꿈틀리 인생학교(인천 강화도) 운영 경험이 있는 두 사람은 서로의 경험을 공유하며, 이제는 프로그램 중심이 아닌 서로의 일상을 공유하는 일종의 '프로젝트' 중심의 예술교육을 갈망한다. 코로나 팬데믹 이후 '면역력'이 실종된 아이들의 모습을 보며 "야생으로 돌아가자!"고 주장하는 목소리가 여운을 남긴다. 어떻게 내가 사는 특정 장소에 뿌리를 내리며 가르치지 않으면서 가르칠 수 있는 언러닝unlearning 을 실행할 것인가?

이 문제의식은 안진나·황유진의 대담에서도 이어진다. 대구광역시 북성로와 전북 김제시 용평마을에서 활동하는 두 사람은 언제나 항상 단체 및 활동의 '자립'을 고민하면서도 자신이 사는 삶터에서 청년 및 어르신 주민들과 함께 '터무늬'가 살아 있는 예술교육을 실행할까 오늘도 고민한다. "모든 건 장소에서 출발한다"는 믿음으로 지역의 터무늬를 만들어 가는 두 사람이 입을 모아 '체력'의 중요성을 강조하는 이유가 무엇인지 확인해보시기 바란다.

문화예술교육 정책과 현장에서 어린이·청소년은 초기부터 매우 중요했다. 고무신·김숙희는 각각 '놀이노동자'(고무신)와 연극놀이 전문가로서 어떻게 수년 전부터 유아교육까지 확장된 현장에서 아이들이 주도성을 갖고 자신들의 놀이문화를 만들 것인지 대화를 나눈다. 특히 "예술가로서의 당신을 보여주라"라고 한 조언은 행사 위주에서 벗어나 함께 아이들과 놀이문화를 만들어가는 '공동 창작자'로서의 역할에 대해 숙고하게 한다.

하지만 이 모든 일은 결코 혼자 할 수 없다. 그래서 협력이 중요하다. 김율리아·박진희는 지역에서 성남예술교육가네트워크와 제주 상상창고 숨의 활동 경험을 나누며, 서로가 서로에게 짐이 아니라 힘이 되는 네트워크는 어떻게 가능한지 대화한다. 두 사람의 대화는 차라리 일종의 '간증록'이라고 해야 할 것이다. 어떻게 우리는 서로에게 '우산'을 내어주고, 활동의 거점을 조금씩 만들며, 지역 생태계를 바꾸는 협력과 연대를 할 것인가. 당신의 지역에서 어떻게 발판을 만들고 징검다리를 놓을 것인지 두 사람의 대화에서 내밀한 영업비밀을 염탐하시기 바란다.

한편 예술교육에서 문화다양성의 가치는 급변하는 기후위

기·인공지능 시대를 맞아 갈수록 중요해졌지만, 사회적 약소자들에 대한 '연루됨의 윤리'(조형근)는 여전히 충분하지 않다. 고영직·박지선은 세계의 복수성을 위해 동료시민 되기라는 연루됨implicated이 요청된다는 관점에서 장애, 다원화, 비인간 존재 사유하기 같은 이슈들을 돌아본다. 두 사람은 같이 질문을 만들어가는 매개자 교육의 중요성을 강조하며, 서로가 서로를 모시는 '시민侍民'의 탄생에 기여하는 예술교육의 역할을 기대한다.

박찬국·제환정은 기획자와 무용가의 입장에서 문화예술교육의 오래된 화두인 창의성에 대해 대화를 나눈다. 고무신·김숙희의 대화와 겹쳐서 읽어도 좋을 것이다. 두 사람은 창의성이란 기술적인 것만이 아니라, "거의 모든 것의 배후에 예술이 있게 하라"라는 말처럼 문제를 평평하게 보려는 태도에서 과감히 벗어나는 것이라고 입을 모은다. 박찬국 작가가 제시한 '마이너스 창조'라는 말에서 '분해의 철학'(후지하라 다쓰시)의 태도가 느껴진다.

김탕·송수연은 하루하루 급변하는 디지털 기술에 대해 심도 있는 대화를 나눈다. 두 사람은 여전히 디지털 기술을 콘텐츠 중심으로 사고하고 제품과 도구를 잘 다루는 리터러시에만 치중하는 경향을 비판적으로 점검한다. 그리고 창의적인 환경에 놓인 피교육자들이 창의적인 발상을 할 수 있다고 거듭 주장한다. 두 사람은 기술을 '비평적으로' 다루는 예술교육과 메타인지의 필요성을 강조한다. 창의성 키워드와도 연결되는 주제여서 여러 논자들의 논의와 이어진다. 두 사람의 대화를 보면 기술철학자 랭던 위너Langdon Winner가 "인공물은 정치를 갖는다Artifacts have politics"고 한 말이 떠오른다.

또 김현주·서지혜는 예술가와 예술경영 전문가로서 지역에서 예술가란 존재는 무엇인지에 대해 묻는다. 두 사람은 지역에서 예술가이자 매개자인 예술가라는 존재는 다양한 변화를 만드는 '행위자'라는 점에 대해 공감한다. 그러면서 예술가들이 지역에서 건강하게 활동할 수 있는 행위자로서 지역문화재단의 적극적인 역할을 주문한다. 수년 동안 미군 기지촌이었던 경기도 의정부 빼뻴보관소에서 마을의 역사와 기억을 복원하는 활동을 해온 김현주 작가가 "지역에서의 예술활동은 대응이 아니라 대화하고 싶다는 요청"이라고 한 말이 귓전에서 맴돈다.

이영범·최성규, 두 사람은 문화예술교육과 공간에 대해 대담을 나눈다. 두 사람은 건축가로서, 또 경북 경산에서 보물섬이라는 공간을 운영하는 작가로서 시민과 함께 예술적 경험을 나누며 '시민력'을 키우는 공간이 갖는 의미에 대해 깊은 대화를 나눈다. 공간은 예술교육에서 일종의 히든 커리큘럼 hidden curriculum 을 이룬다. 하지만 공간의 중요성은 비교적 최근에 와서 주목받았다. 두 사람은 애초 정해진 용도에 맞는 특정 공간의 의미를 새롭게 전복시키는 감각이 중요하다고 입을 모은다. 그러므로 사소할지라도 주민 참여가 중요하고, 주민 주도가 중요하다. 프로그램 지원에서 시설 지원으로 정책의 패러다임을 바꾸어야 할 이유가 여기에 있을 것이다. 건축가 이영범이 말한 '사회적 거점'은 어느 날 하루아침에 만들어지는 것은 아니기 때문이다.

이상으로 대담집에 수록된 열 개의 주제·키워드에 대한 내용을 간추려보았다. 흥미 있는 점은 하나의 대담이 그것으로 끝나지 않고, 마치 자기 꼬리를 물고 있는 신화 속 우로보로스 뱀처럼 꼬리에 꼬리를 무는 형국을 띤다는 점이다. 이 대담집을 창의적으로 읽기를 시도한다면 한층 더 입체적으로 내용 파악할 수 있을 것으로 믿어 의심치 않는다.

정부 정책은 일종의 생물과 같아서 시대에 따라 변한다. '아르떼365' 또한 어떤 의제는 어젠다 세팅 agenda setting (의제 설정)을 잘하는 것이 중요했다면, 어떤 의제는 어젠다 키핑 agenda keeping (의제 지속)을 잘하는 것이 더 중요할 수 있다. 대담집에서 그런 정책 흐름을 파악하며, 각자의 현장에서 '각자의 사례'를 재미있게 잘 만들어갔으면 한다. 지난해부터 한국문화예술교육진흥원 관계자 여러분들과 실무를 맡아 번거로운 과정을 진행해온 프로젝트 궁리 여러분들께 특별히 고마운 마음을 전한다. 현장의 예술가, 예술교육가들이 이 책을 책상에 놓고 고민 있을 때마다 들춰보며 활용하는 '작은 사전' 같은 책이 되었으면 한다.

이 글을 마무리하면서 '현장'의 의미를 다시 한번 되돌아본다. 현장現場이란 말은 시간성現과 공간성場이 결합된 말이다. '지금 여기'라는 뜻이다. 철학자 신승환이 "문화는 우리가 만드는 것"이라고 한 말 또한 다른 서사를 품은 새로운 미적 인간이 만든다는 말과 다르지 않다. 저마다의 '현장들'에서 지금까지와는 다른 이야기를 품은 시민들이 탄생하며 재미있는 현장들이 더 많아지길 희망한다. 결국, 아름다움이 우리를 구원할 것이다.

저자들을 대신하여
2025년 봄, 고영직 삼가 쓰다

차례

005   책머리에
'아르떼365'가 걸어온 20년, 걸어갈 20년

016   **변하지 않을 것, 변해야 할 것**
문화예술교육의 본질과 방향
신승환&정원철

044   **삶에 더 가까이, 일상이 빛나도록**
포착하고 스며드는 문화예술교육
김월식&김혜일

070   **다양한 감각으로 삶의 터전에 깃들어**
문화예술교육으로 발견하는 터무니
안진나&황유진

092   **다가서고 보여주고 깨우치는**
어린이 청소년 문화예술교육의 변화
고무신&김숙희

114   **다양한 주체의 목소리를 연결하며**
서로 돕고 함께 나아가는 문화예술교육
김율리아&박진희

138 **동료 시민으로서, 포용과 존중**
문화예술교육이 존재를 드러내고 연결하는 방법
고영직&박지선

164 **아무데도 없고, 어디에나 있는**
문화예술교육과 창의성
박찬국&제환정

188 **인류 생존의 거대한 질문을 담은 도구**
디지털 기술은 어떻게 문화예술교육을 바꾸는가
김탕&송수연

212 **창작과 실천 사이의 도전**
예술교육가의 무궁한 가능성을 위하여
김현주&서지혜

236 **물리적 공간을 넘어 시민력이 꿈틀대는 장소로**
상상력을 부추기는 문화예술교육 공간
이영범&최성규

변하지 않을 것, 변해야 할 것

| 문화예술교육의 본질과 방향 |

신승환 정원철

#관점
#철학
#지향점
#의제
#가치

> 문화예술교육은 단순한 기예와 기술의 전수가 아니라, 삶의 본질을 탐구하는 과정이라는 인식이 점차 두터워지고 있다. 시대의 흐름과 변화 속에서도 문화예술교육이 지켜야 할 철학과 가치는 무엇이고, 새롭게 모색해야 할 방향은 무엇일까? 예술성은 어떤 의미일까? 예술과 아름다움을 마주하는 경험은 왜 중요한가? 문화예술교육의 힘을 믿는 철학자와 예술가가 만나 지난 20년간의 논의를 토대로 미래를 향한 새로운 질문을 던진다.

정원철 지난 20년 동안 문화예술교육이 성취한 것과 앞으로의 과제로 이야기를 시작해보자. 문화예술교육을 문화교육과 예술교육의 병렬적 연결로 보는지, 통합적 개념으로 보는지에 따라 견해 차이가 크다. 문화예술교육 정책 수립 초창기에 예술이 삶의 맥락에서 동떨어진 것에 대한 반성이자 문화운동 차원에서 '문화'라는 말을 붙였던 것으로 생각하는데, 20년이 지난 지금까지도 꼭 붙여서 얘기해야 할까. 또한 '교육'이라는 말 때문에 늘 가르치려는 강박에 빠진다는 생각도 든다. 저는 가능하면 문화예술교육보다 '예술 활동'이라고 말하려고 애쓴다. 그동안 예술교육이 제대로 기능하려 노력함으로써 문화적 맥락 안에 자리잡았고, 일상적인 삶과 연계된 교육적 효과를 거두고 있지 않나 싶다. 그동안 이러한 문화예술교육에 대한 공감대가 형성됐다는 것이 하나의 성과라고 볼 수 있다. 오히려 높아진 기대치를 충족하지 못하는 프로그램은 참가자 모집이 어려워지는 현상도 나타나고 있다. 이렇게 시민의 인식은 높아졌는데, 행정기관과 정책 담당자의 인식은 여전히 편중되어 있고 부족하다는 점이 매우 큰 과제로 느껴진다.

신승환 말씀하신 '문화'와 '예술' 그리고 '교육'의 관계가 문화예술교육이 출발하면서부터 가장 큰 문제였다. 문화, 예술, 교육의 본질은 확실히 예술에 있다고 본다. 예술성 또는 예술을 이해하는 것이 문화와 교육의 핵심이라는 것이다. 문화예술교육 초기에는 우리나라 공교육이 너무 입시 위주, 암기와 지식 습득으로 흘러가는 것에 대한 보완 성격이 꽤 강했다. 오스트리아나 영국에서 처음 출발할 때도 그랬다. 그런 의미의 교육이라면 사실 본질은 '예술정신'에 있고, 예술을 어떻게 이해하느냐가 가장 중요한 문제다.

문화는 사람이 살아가면서 자기를 이해하고 표현하는 과정이며, 그 본질은 아까 말씀드린 예술정신, 예술성이라고 생각한다. 예술사에서 '순수예술'이라는 개념은 17세기에 태동하여 18세기에 와서 헤겔이 '미를 위한 미'를 정식화시켰다. 하지만 이미 기원전부터 예술이 있었다. 그렇다면 인간은 예술적인 활동을 통해서 무엇을 하고 싶었을까? 왜 했을까? 그것은 아름다움에 대한 '감수성'이라고 생각한다. 전통적인 서구 철학은 감성과 지성을 구별해왔고, 동아시아에도 사단칠정론四端七情論 등을 통해 이성적 부분과 감성적 부분을 다르게 이해했다. 그런데 오늘날 새로운 현대철학적 경향은 그것을 구별하지 않는다. 감성과 이성을 통합하는 용어로 '감수성'을 이야기하고 싶다. 감수성은 몸을 지닌 인간이 세계를 전체적으로 인식하고 지각하고 표현하는 총체적인 느낌이다. 감수성이 관계하는 영역을 아름다움이라고 본다면, 오늘 우리가 만나서 이야기하는 것도 순수예술에서 말하는 아름다움이라기보다는 우리가 의미 체험 안에서 느끼는 아름다움이다. 그렇다면 문화도 예술성의 관점에서 정립될 수 있을 것이다. 이때의 예술성은 인간에게 아름다움으로 드러나는 특성이며, 그런 관점에서 문화의 토대가 될 수 있다는 뜻이다.

예술의 전복적 특성과
아름다움

정원철 문화예술교육에 있어서 예술정신, 예술성이 가장 중요하고 중심이 되어야 한다는 말씀에 전적으로 공감한다. 예술은 본질적으로 비일상적이고 비상식적이고 반통념적일 때 그 특성이 더 두드러진다고 생각하는데, 이러한 예술의 특성과 선생님께서 말씀하신 아름다움은 어떻게 연결될까? 소위 예술의 전복적 특성과 아름다움의 관계를 어떤 맥락으로 이해해야 할지 이야기해보면 좋겠다. 문화예술교육 관계자 중에는 여전히 아름다움에 대한 감수성 같은 표현을 편안하게 생각하고, 전복적인 특성이나 불온함을 얘기하면 불편해하는 사람도 꽤 있다.

신승환 제가 말하는 감수성이나 아름다움은 예술 용어와 의미가 좀 다른데, 21세기에 와서 고전적인 예술의 의미가 바뀌었다. 예술사를 살펴보면 시대마다 아름다움을 이해하는 방식이 달랐다. 모더니즘적인 재현으로서의 예술이 18세기 이후 변하지 않나. "예술은 있는 것을 보여주는 것이 아니라 보이게끔 해주는 것"이라는 파울 클레 Paul Klee 의 유명한 말이 있다. 이렇게 예술성은 시대마다 달라지는데, 우리가 몸으로, 우리의 존재 전체로, 그 시대를 감지하고 지각하고 해석하고 이해하는 이 모든 것이 감수성이다. 그러니까 단순히 감정적인 어떤 것이 아니라, 감정적으로 느낀 것을 지성적으로 해명하고, 그것에 의미를 부여하고, 총체적으로 온몸이 지각하는 것을 말한다. 여기에 지성적 반성이 덧붙여진 것을 감수성이라고 표현하고 싶다.

플라톤 철학에서 아주 혁신적인 개념이 '진선미'다. 여기서 핵심은 '선'인데, 가장 탁월하고 가장 뛰어난 것이 선이며, 탁월하니까 진리일 수밖에 없다. 미를 열등한 인식 능력이라고 이야기하는데, 탁월함과 올바름이 있으면 그것을 아름다움으로 보았기 때문이다. 그래서 정말 규정하기 힘든 단어가 '아름다움'이다. 무엇이 아름다운 것인가! 우리 몸이 분위기에서 충만함을 느끼고 받아들이는 것이 아름다움이다. 그래서 추함이나 전쟁 속에서도 아름다움을 생각할 수 있고, 그것은 단순히 미적인 아름다움을 넘어선다. 아름다움을 규정하는 것은 시대적인 상황과 그 시대를 받아들이는 사람들의 감수성에 따라 달라지기 때문에 전복적 성격이 있다. 이 시대가 잘못되었거나 문제가 있으면 그걸 전복하는 게 오히려 아름다울 수 있다. 얼마 전에 계엄 사태가 일어났을 때 정말 너무

화가 났는데, 그것이 틀렸다는 것을 느끼고 전복할 수 있을 때, 저는 그게 아름다움이라고 생각한다. 우리가 지향해야 할 본질적인 아름다움이 이루어지지 않거나 막힐 때, 그것을 전복할 힘이 예술에 있다. 그게 저는 아름다움에 대한 감수성으로서 전복적인 힘이라고 본다. 이번에 사람들이 응원봉을 들고 집회에 나온 것을 보면 놀이와 저항이 혼합되어 있다. 그건 분명히 변화다. 응원봉을 흔들고 노래하면서 저항하는 이 세대가 가진 감수성을 드러내는 것이 문화예술교육이 지향해야 할 방향이 아닌가 생각한다.

정원철 몸이 지각하는 것과 이성적인 판단, 혹은 간접적으로 습득한 정보 사이의 편차가 점점 심해지는 세상에서 문화예술교육―예술 활동이 담당해야 할 역할이 훨씬 더 커지고 있다. 특히 문화예술교육은 감수성에 매우 중요한 의미를 둬야 한다. 감수성의 측면에서 본다면 아름다움이나 예술의 전복적인 특성도 아주 자연스럽게 이어질 수 있을 것이다. 내 몸의 지각에 영향을 주는 편안함이나 행복을 아름다움과 관련된 감수성이라고 한다면, 내 몸이 불편하고 불안하게 느끼게 하는 것들도 매우 많다. 나를 불안하고 불안정하게 하고 위험에 빠지게 하는 상태를 극복하고자 할 때 필요한 게 전복성이다.

그러니까 감수성을 중심에 놓고 예술의 역할을 보면 아름다움뿐 아니라 전복, 반통념, 탈관행 사이에 연결성이 생긴다.

신승환 독일 철학자 페터 슬로터다이크Peter Sloterdijk는 현대사회가 가진 과학기술이나 자본주의가 주는 풍요와 허무주의적 경향 또는 의미론적인 결여에 관해 비판적이다. 최근 『너는 너의 삶을 바꿔야 한다』라는 책에서, 인간이 현대 문화의 위기를 넘어서기 위해서 자기 삶의 방식을 다 바꿔야 한다고 이야기한다. 우리가 주목할 것 중의 하나는 "인간은 기예적 존재가 되어야 한다"라고 말한 점이다. 기예技藝는 심미적인 것, 예술적인 것을 말한다. 전통적으로 영육이원론靈肉二元論 등 몸과 정신을 구별해왔는데, 오히려 몸 중심으로 보자는 거다. 저는 몸이라기보다 인간의 존재 전체로 느끼는 걸 감수성이라고 얘기한다.

'비실재적 실재', 그러니까 보이지 않지만 실재하는 것이 있다. 영혼, 사랑, 우정, 미움, 혐오 같은 것들. 감정이라는 표현으로는 한계가 있는 비실재적 실재가 분명히 실재한다. 그리고 그게 우리에게 힘을 주기도 하고 파괴하기도 한다. 얼마 전 한강 작가의 노벨문학상 연설에서 "죽은 자가 산 자를 구원할 수 있을까"라는 이야기가 무슨 뜻일지 오래 생각했다. 죽은 자의 삶이, 죽은 자의 사건이, 죽은 자의 죽음이 서사가 되면, 산 자를 구원할 수 있다. 예를 들어 광주 5·18이, 제주 4·3이, 영화 〈서울의 봄〉이 서사가 되었을 때, 우리는 계엄 사태를 넘어설 수 있다. 만약 계엄이 실제로 실행되었다면 우리 삶은 정말 비참해졌을 것이다. 우리가 이 사태를 넘어설 수 있었던 힘은 그전에 있었던 수많은 민주화 과정이 서사가 되어 우리에게 주어졌기 때문이다. 사건은 실재하지만, 서사는 실재하지 않는다. 그런데 그것이 우리에게 힘을 주는 거다. 이 보이지 않지만 실재하는 것을 우리가 감지하고, 언어화하고, 예술화해서 표현할 수 있는 것. 여기에 인간이 가지고 있는 의미적 행위, 반성적 행위 또는 성찰적 행위가 명확히 들어갈 때, 비로소 예술이 되고 문화가 된다. 저는 이것을 예술성이라고 보는데, 이것이 왜 전복적 성격이냐 하면, 인간은 현실적인 삶이나 자기의 한계를 뛰어넘어 낯설게 봐야 하고, 차이를 봐야 하고, 뒤집어 봐야 한다. 전복이 반혁명이라는 뜻이 아니고, 그것과 무관하게 예술은 끊임없이 차이를 만든다. 새롭게 보는 것, 낯설게 보는 것, 다르게 보는 것. 이게 예술정신이며, 우리가 지향해야 할 예술의 본질이다.

정원철 우리의 삶은 끊임없는 사건들로 이어진다. 그 사건을 각자 앞으로 살아가는 데 쓸모 있는 경험으로 만들어내느냐가 굉장히 중요한 요소라고 본다. 그러니까 한강 작가의 작품이 우리 모두에게 죽은 자가 산 자를 구원하는 역할을 해내는 것처럼, 나의 과거 경험을 잘 소화하여 '서사적 사고'를 하게 하는 데 문화예술교육의 역할이 있다고 본다. 늘 비슷하고 사소하고 잡다해 보이는 일상이 예술 활동을 통해서 하나의 쓸모 있는 경험으로 만들어지도록 맥락적인 역할을 하는 것이다. 그러기 위해 중요한 것이 비판적 시각이다. 조금 더 바란다면 희망적인 시각으로 비판하는 태도를 가져다주는 것이 예술교육가들이 염두에 두어야 할 것이 아닌가 생각한다. 예술의 본질은 낯설게 보고 차이를 만들어내는 거라는 말씀에 전적으로 동의한다. 누구도 대신할 수 없는 내 삶의 고유성을 느끼도록 하는 게 문화예술교육에서 중요한 것이 아닌가.

신승환 죽음을 예로 들면, 죽음은 오직 나만의 것이고 누구도 대신 죽어줄 수 없다. 오직 나만의 고유한 사건이다. 그런데 돌아보면 모든 사람은 죽는다. 고유함과 보편성이 어우러져 있다. 실존주의 철학에서는 이것을 '각자성'이라고 말한다. 각자가 실존적이고 고유하고 다르기 때문에 가장 보편적이다. 이 고유함을 드러낼 때 보편성이 될 것이고, 다름에 토대를 둘 때 비로소 같음을 말할 수 있으며, 같음 안에 차이가 들어 있어야만 같음이 유지될 수 있다고 본다. 소위 동일성과 차이의 문제다. 예술을 차이라고 이야기한 이유는, 우리는 다 다르게 보기 때문이다. 그러나 그 안에서 보편적인 인간이 가지고 있는 것을 보지 않나. 일상이 굉장히 따분하고 지루한 것 같지만, 사실은 따분함을 깨는 것들이 들어 있다. 이것을 차이 혹은 전복성으로 말할 수 있을지 모르겠지만, 그것이 예술이 주는 힘이라고 생각한다. 그래서 인간은 전적으로 예술적 존재일 수밖에 없다.

최근 서사학에 관한 책을 보면서 문화예술교육을 서사적 특성으로 엮을 수 있다는 생각이 들었다. 우리는 끊임없이 뭔가를 이야기하고, 이야기함으로써 평범함을 사건으로 만들 수 있다. 하나의 사건을 체험하고, 거기에 의미를 부여하고, 그걸 이야기로 만들어낸다. 여기서 중요한 것은, 이것을 해명하고 해석하고 수용하는 사람이 있다는 사실이다. 예술도 마찬가지다. 작품을 만드는 것은 작가지만, 사람마다 다 다르게 보지 않나. 사건, 시간, 이해, 해명, 전승 같은 서사적 특성을 연결고리로 고유성을 지키면서 통합하고 융합할 수 있는 문화예술교육이 나오리라 생각한다.

정원철 앞서 '비실재적 실재'를 말씀하셨는데, 예술 창작에서는 '비가시적 요소의 가시화', 즉 눈에 보이지 않는 요소를 눈에 보이게 만드는 행위가 예술의 중요한 역할 중 하나다. 칸딘스키Wassily Kandinsky도 "세상에 없는 걸 그리는 게 아니라 마음속에 있는 걸 그대로 그린다"라고 했다. 남이 못 볼 뿐이지 내 속에 있는 것을, 나만 볼 수 있는 세계를 그대로 그리는 거다. 주목하기 전에는 누구나 다 겪는 대동소이한 사건처럼 생각되지만, 내가 겪은 사건은 이렇게 다르다고 인식하고, 그 인식을 이어가게끔 해주는 것이 예술 활동, 예술교육의 중요한 역할이다. 각자의 삶이 다르고 의미 있다는 것을 눈에 보이게 끄집어내는 표현 활동, 비가시적인 것을 가시화하는 행위를 할 수 있게끔 돕는 것이 정말 중요하다.

이야기의 힘, 문화의 힘

정원철 서사적 특성을 명확히 언어화하기 위해서 예술 활동을 이끄는 사람에게 중요한 것은 무엇일까. 저는 각 개인에 집중해야 한다고 본다. 아직도 좋은 프로그램을 기획하고 완수하는 데 치중하는 예술교육가가 많다. 좋은 기획은 필요하지만, 기획을 수행하는 과정에서 참가자 한 사람 한 사람에게 집중해야 한다. 그래야 보편성과 특수성을 동시에 지니면서 각 개인의 고유한 가치를 스스로 인식하고 삶의 동력을 새롭게 얻는 예술 활동으로 이어지지 않을까. 다른 한편으론 우리가 공통으로 겪고 있는 사건에 집중하는 것도 굉장히 중요하다. 예를 들면 기후위기나 최근에 겪은 계엄 상황 같은 것을 어떻게 바라볼 것인가. 우리가 함께 겪고 있는 사건 혹은 참가자 개인이 겪고 있는 사건에 좀더 주목하는 것이 앞으로 문화예술교육 관계자들이 가져야 할 태도라고 생각한다.

신승환 문화예술교육이라는 키워드에서는 분명 예술성이 아주 객관적인 본질이다. 하지만 그게 특별한 예술 장르에서만이 아니라 우리 삶 전반에 드러난다면, 그것은 문화라고 본다. 문화는 결국 인간이 살아가는 삶의 흔적이자 무늬이고, 규범이고, 결이다. 결국 문화예술교육의 본질은 예술성이겠지만, 문화는 명확히 예술적인 장르를 넘어선다고 말할 수 있다.
선생님이 말씀하신 내용과 연결해서 '시대정신'을 잠깐 이야기해보자. 헤겔이 시대정신에 관해 이야기했는데, 그런 철학적인 의미라기보다 좀더 보편적이고 일반적인 관점에서 이야기하자면, 우리가 같은 시간대, 같은 문화 안에 살면서 일반적으로 느끼는 것을 시대정신이라고 말할 수 있다. 칸딘스키나 파울 클레가 같은 시기에 청기사파로 활동하면서 같은 맥락의 이야기를 하지 않는가? 보이지 않는 것을 보이게 하는 것이 그 시기의 시대정신이다. 예술이 고유함을 드러내고 그 고유함 안에 보편성이 있고 보편성 안에 고유함이 있다고 얘기한다면, 각자의 고유함을 드러내려는 노력이 필요 없다고 생각한다. 오히려 예술강사든 누구든 가장 보편적인 이야기를 융합적인 관점에서 이야기할 때, 그걸 전승받는 사람—수강생이든 참여자든—이 그 안에서 줄탁동시처럼 스스로 깨쳐가는 거다. 그래야 훈육으로서의 교육을 말하는 에어치엔Erziehen이 아니고, 스스로 형성되는 아우스빌둥Ausbildung으로서의 교육을 할 수 있다. 예술이 하는 교육은 주입식 교육이 아니어야 한다. 기교를 가르치는 게 아니라 자기가 보지 못했던 아름다움을 볼 수 있는 계기를 만들어주는 거다. 그렇다면 개별 강사가 가진 기교적인 측면은 중요하지 않다. 오히려 그것을 통합할 수 있는 관점을 어떻게 만들었는지가 더 중요하다. 그래서 문화예술교육을 이야기할 때 '시간성'과 '관계성'을 진지하게 볼 필요가 있다. 시간은 전적으로 인간의 시간이고, 우주에서 벌어지는 에너지의 변화라든가 이 모든 것을 몸으로 감지하는 것이다. 그다음에 주어지는 것은 관계성이다. 어떻게 보면 예술이란 다 관계성 안에 있고, 시대적인 변화를 빠르게 감지한 사람들이 만들어낸 게 예술적 유행이지 않은가. 그런 면에서 시간성이나 관계성 안에서 시대에 대한 감수성을 드러내는 것이 아주 중요하다. 그것이 제가 생각하는 예술성이고, 문화예술교육에서 기교에 대한 학습은 부차적인 수단에 그쳐야 한다.

정원철 저도 시간성, 관계성이 문화예술교육을 논하는 데 있어서 중요한 부분이라고 본다. 특히 관계성 부분에서는 앞서 말했듯 개인이 겪는 사건과 참가자 개인에 더 집중하고, 그것이 서사적인 맥락에서 쓸모 있는 사건으로 경험되도록 돕는 게 문화예술교육에서 매우 중요하다. 참가자 개인의 사건의 맥락을 찾아서 유용한 경험으로 만들어가는 것은 사실 그 사람에게서 끝나지 않는다. 보통 우리는 나를 중심으로 가까운 범위 내에서 내가 겪은 사건만이 내게 영향을 준다고 생각하고, 나머지는 내 삶과 직접적인 관련성이 없다거나 누구나 겪는 것이라고 흘려버리며 살아간다. 개인이 겪은 사건을 좀더 치밀하게 들여다보고 그것에서 배울 점이 잘 갈무리되면, 그 과정에서 나에게 영향을 주는 관계성의 범위가 점점 넓어질 수 있다. 그래서 국가나 세계의 어떤 판단이나 상황이 개인의 삶에 영향을 미친다는 것을 깨닫게 된다. 이게 궁극적으로 문화예술교육이 문화적인 차원에서 기대하는 바 아닐까.
예술교육이 삶에서 중요한 역할을 하는 나라 대부분은 북유럽 국가들이다. 교육이 워낙에 탄탄하다보니 예술을 활용한 교육도 잘한다. 그 나라가 부러운 게, 개인 차원에서 자기 삶을 잘 이끌어가도록 돕는 교육뿐 아니라, 세계적인 공통 이슈를 평범한 시민 각자가 자기의 문제로 여기게 하는 교육이 이루어지는 것이다. 그런 이슈를 해결할 전문가는 따로 있다며 내 삶에서 완전히 배제해버리는 경향이 많은데, 사실 내가 일상 범위에서 관장하는 요소들보다 더 넓은 영역에서 내 삶에 영향을 미칠 때가 많다. 그것을 자기 문제로 받아들이는 게 우리 삶과 공동체가 더 나아지는 방향이라고 본다. 그런 면에서 문화예술교육이 각자에게 집중하여 흔한 사건을 흘려보내지 않고 제대로 볼 수 있게 해주면, 관계성에 의해 개인의 삶에 국한되지 않고 훨씬 더 넓은 범위까지 확장하여 그것이 내 문제로 인식될 수 있지 않을까 기대한다.

신승환 저는 그 이야기가 예술의 공동체성과 연결되어 있다고 생각한다. 문화예술교육에서 중요한 것 중 하나가 공동체성이다. 공동체에 대한 철학 중에 '흩어지는 공동체'라는 표현이 있다. 공동체가 해체된다는 뜻이 아니고, 개개인이 자기의 차이와 고유함을 지킬 수 있을 때 공동체가 유지된다는 뜻이다. 공동체가 획일적이면 부서지는 거다. 그래서 문화예술교육이 가지고 있는 예술성이 공동체성에서 아주 중요하다. 그 이유 중 하나는 '동일성과 차이'에 있다. 차이가 있어야만 동일성이 유지될 수 있고, 차이를 말하기 위해서는 동일성이 있어야 한다. 그래서 동일성과 차이는 대치되는 개념이 아니라 상호작용하는 개념으로 봐야 한다. 예술이 고유함을 드러내고 굉장한 차이와 특별함을 만들어내는 것 같지만, 다른 사람에게 설득력이 있으려면 공동체에서의 보편성이 없으면 안 된다. 예술이 아름답게 느껴지고 의미 있으려면 다른 사람에게 공명해야 한다. 예술이 가장 고유할 때, 가장 차이를 드러낼 때, 가장 새롭게 드러낼 때 그렇다. 그러니까 차이와 동일성 또는 고유함과 보편성의 관계다. 이를테면 개인의 체험은 매우 고유하고 굉장히 새롭지만, 이 새로움이 사실 가장 보편적인 것이다. 저는 그게 예술이 가진 힘 중 하나라고 생각한다. 고유함과 보편성의 관계가 우리가 문화예술교육을 통해 드러내야 할 공동체성이다. 인간은 명확히 유한성을 지니고 있고, 이 유한성에서 오는 모순성이 있다. 이것을 어떻게 감내하면서 넘어설 수 있느냐가 인간이 가진 중요하고 본질적인 과제이고, 거기에 미적인 감수성이 중요한 요인으로 작용한다. 우리로 하여금 그 유한성과 모순성을 감내할 수 있게 하는 힘은 우리가 살면서 느끼는 아름다움에 대한 감성이며, 우리가 지향하는 문화예술교육도 결국 이것을 촉발하도록 해주는 게 가장 중요한 본질이어야 한다고 생각한다.

정원철 저도 같은 입장이다. '우리'라는 말 속에 포함된 공동체, 특히 우리나라 사람들은 공동의 목표, 공동의 가치를 위해서 개인의 차이, 소수의견을 참거나 포기하는 삶을 살아왔다. 그러므로 우리가 앞으로 지향해야 하는 공동체의 성격은 '흩어지는 공동체'라는 말에 포함된 것처럼 개인 각자, 공동체 구성원 각자의 고유성이 그대로 유지되고 존중되면서 공동체가 작동되는 것으로 생각한다. 미술사에서도 뮤지엄아트Museum art, 퍼블릭아트Public art, 커뮤니티아트Community art로 이어지는 흐름은 우리 공동체에 대한 고민과 궤를 같이한다. 문화예술교육에서 지향하는 공동체는 커뮤니티아트에서 목표로 하는 공동체이며, 지금 선생님이 표현하신 '흩어지는 공동체'인 것이다. 한 10년 전에 한겨레신문사에서 월간지를 냈었는데, 제호題號를 '나·들'이라고 했다. 공동체 내에 각 개인의 고유성이 존중되는 일인칭 복수 대명사로, '나'가 여럿이 모였다는 뜻이다. 그 표현이 저한테 쏙 들어와서 문화예술교육에서 지향하는 공동체는 '우리'가 아니라 '나들'이어야 한다고 주장하고 있는데, '흩어지는 공동체'를 말씀하시니 정말 반갑다.

정답이 아닌 해답을 찾아가는 교육

정원철 학교에서 예술 교과목이 거의 다 사라지고 선택과목화되는 상황이다. 학교는 거의 입시 교육 기관이 되어버렸다. 사실 예술교육 외에 나머지 교과들은 대부분 답이 있다. 그런데 우리가 사는 세계에는 정해진 답이 없는 경우가 훨씬 더 많지 않나. 그것을 어디서 어떻게 배우느냐의 문제다. 공교육 기관에서 예술교육을 통해 내가 옳다고 생각하는 답을 찾아가는 경험을 하는 것이 너무 중요하다. 정책당국이 이런 인식을 가져야 하는데, 학교 예술강사 예산이 작년 대비해서 엄청나게 줄어 안타깝다. 학교교육에서 예술 활동, 예술 교과가 어떤 역할을 하는지에 대한 인식을 제대로 하고 있으면 이런 횡포를 부릴 수 없다.

신승환 제가 예전에 예술강사 평가할 때도 예술강사들이 열악한 환경 속에서 열정 하나로 버티는 것을 보면서 걱정스러웠다. 예술강사로서 굉장히 열심히 하지만, 언제나 본인의 예술적인 범위 안에서만 진행한다는 점도 한계다. 교육진흥원에서 예술강사를 위해 융합적인 교육이나 연수를 해주면 좋은데, 그것도 예산의 문제다보니 잘 안 되는 것 같다. 지원금이 적은 것도 미비한 점 중 하나다. 만약 그동안 문화예술교육이 성과를 냈다면, 예술성을 통합해서 통합성과 융합성을 드러내는 방향으로 좀더 매진하도록 더 많이 지원해야 한다. 우리가 산업화 시대를 성공적으로 이끌 수 있었던 이유는 사실 공교육에 있다. 그런데 산업화 시대를 주도했던 교육은 이미 한계에 왔다. 산업화 시대를 넘어섰는데도, 한국 교육과 그것을 뒷받침하는 학문적 토대는 여전히 산업화에 치중돼 있고 서구 추종적이다. 산업화 교육은 정답을 가르쳐주는 교육을 했다. 그런데 예술에는 정답이 없다. 예술은 해답을 준다. 철학도 마찬가지다. 이제는 정답이 아니라 해답을 찾는 교육을 해야 한다. 해답은 각자가 가지고 있는 하나의 해법이며, 각자 그 사건을 마주하면서 내는 고유한 나만의 대답이다. 지금 우리 사회의 핵심적인 문제 중 하나는 교육이다. 정답은 잘 찾아내지만, 정작 사회가 필요로 하는 것은 무시하는 사람을 길렀다. 그래서 교육개혁이 우리 사회의 문제를 해결하는 출발점이 될 수밖에 없다. 공교육을 보완하는 예술교육이 아니라, 공교육 자체를 바꿔야 한다. 물론 지금과 같은 체제 안에서는 불가능하다. 그러면 체제를 바꿔야지, 바꿀 생각을 안 하고 보완만 하려고 한다. 해답을 찾는 교육을 만들지 않으면 보완은 불가능하다.

정원철 정답이 아니라 해답을 찾아가는 교육에 예술교육이 중요한 역할을 해야 한다는 말씀에 동의한다. 그러기 위한 정책을 제대로 펴기도 전에 AI 같은 것이 일상 속으로 파고들어 왔다. 앞서 잠깐 얘기했지만, 각자의 견해를 키워가는 훈련도 제대로 받지도 못한 상태에서는 AI의 답에 의존하는 상황에 부닥칠 수 있다는 면에서 저는 굉장히 위험하다고 본다. 특히 문화예술교육계가 먼저 나서서 VR, AR 같은 디지털 기술을 교육 프로그램에 선제적으로 적용하려고 하는 흐름이 우려스럽다.

신승환 정보와 이해를 놓고 보면, 정보는 필요한 데이터를 주고 계산해내는 것이고, 이해는 데이터가 나에게 무엇을 가져다주느냐를 우리가 받아들이는 것이다. 디지털 시대나 AI는 정보와 데이터에서는 정말 비교할 수 없을 정도로 탁월하다. 그런데 그 데이터를 이해하는 것은 AI가 할 수 있는 영역이 아니다. 인간은 시간적 존재고, 관계적 존재고, 과정적 존재다. 그 시간과 사건과 관계와 과정이 이어지는 속에서 삶을 이해한다. 이 문제를 해결하지 않으면 우리는 AI 시대에 종속된다. 이것을 교묘하게 비틀어서 AI가 가져올 정보가 문제라고 이야기하는 건 틀렸다고 생각한다. AI가 우리를 지배할 것을 두려워할 게 아니라, AI를 소유한 자들이 우리에게, 또 우리 사회에 무슨 짓을 하는지가 문제 아닌가. 그래서 이 문제를 해결하거나 보완할 교육이나 문화적인 토대가 마련되어야 하고, 지난 시대의 패러다임으로 접근하는 것이 아니라 급진적이고 전복적인 방식이 필요하다고 생각한다. 예술에 치중한다든지, 놀이와 저항이 어우러지며 싹이 트고 있다. 이것을 어떻게 끌어내고 결집하느냐는 새로운 사고를 할 수 있는 사람들의 몫이자 과제일 것이다. 그래야만 지금 우리 앞의 거대한 문화적인 변화나 패러다임 변화를 언어화할 수 있다.

정원철 지금의 디지털 시대를 '레퍼런스reference의 시대'라고 말한다. 각자의 견해나 소신, 말하자면 뚜렷한 줄기가 있으면 레퍼런스가 큰 도움이 되지만, 그러지 못한 상태에서 레퍼런스 자체가 꼭 본질인 것처럼 그것만 가지고 뭘 하려고 드니 문제다. 줄기라는 것은 내 삶의 가치관과도 연결되고, 문제를 해결하는 방법과도 관련된다. 문화예술교육에서 그 줄기를 명확하게 세울 수 있도록 도와야 한다. 한편에선 문화예술교육이 시대의 변화를 수용하고 선도해야 한다는 의견도 많다. 하지만 문화예술교육이 해야 할 역할은 거대한 흐름을 무조건 수용하는 태도에 제동을 거는 것이다. 다시 말해 변화의 흐름에 저항하고, 비판적으로 수용하는 힘을 기르는 것이다. 디지털기기의 스마트함에 압도되지 않는 슬기로운 개인을 지향해야 한다.

신승환 선생님께서 '줄기'를 이야기했는데, 그것을 철학자의 방식으로 이야기하면 철학적으로 판단한 토대, 준거, 체계라고 말할 수 있다. 철학적으로 만들어내고, 찾아내고, 내 삶의 기준으로 삼은 것이다. 그러니 본질적인 질문은 자신이 정말 지키고 싶은 줄기가 무엇인지, 또는 형이상학적 토대가 무엇인지, 그 원형은 어디에서 주어질 수 있을지에 관한 질문이다. 인간은 문화에 의해 형성된다. 그런데 인간이 문화를 수

"문화예술교육이 해야 할 역할은
거대한 흐름을 무조건 수용하는 태도에
제동을 거는 것이다.
다시 말해 변화의 흐름에 저항하고,
비판적으로 수용하는 힘을 기르는 것이다."

-정원철

> "이제는 정답이 아니라
> 해답을 찾는 교육을 해야 한다.
> 해답은 각자가 가지고 있는 하나의 해법이며,
> 각자 그 사건을 마주하면서 내는
> 고유한 나만의 대답이다."
>
> -신승환

동적으로 수용하기만 하는가? 그렇지 않다. 문화는 우리가 만들어가는 것이 아닌가. 문화와 인간의 관계에서 상호작용하는 이중성과 양면성이 굉장히 중요하다. 문화를 수용하고, 비판하고, 감내한다고 할 때 그 토대는 무엇인가? 그게 아까 말씀하신 줄기이고, 제가 말했던 서사나 의미다. 그것을 통해 시대를 수용하거나 극복할 것이고, 문화예술교육에 관해 이야기할 것이기에, 그것을 잘 설정하는지가 근본적으로 제일 중요하다.

정원철

추계예술대학교 판화과 교수로 재직하며 미술의 공공성을 강조하는 교육을 해왔다. 문화연대 시각문화교육 대안교과서 연구에 참여하면서 교육 활동이 예술가의 중요한 창작 영역으로 다뤄져야 한다는 소신을 갖게 되었다. '아르떼365' 편집위원과 문화예술교육지원위원회 위원장을 역임했다. 경기도 양평 고향 마을에서 예술공방 칼산을 운영한다.

신승환

가톨릭대학교 철학과 명예교수. 독일 뮌헨대학교와 레겐스부르크대학교에서 신학과 철학을 공부하고 철학박사학위를 받았다. 『문화예술교육의 철학적 지평』 『포스트모더니즘에 대한 성찰』 등 다수의 저서와 역서가 있으며, 「근대와 탈근대의 문화해석학」 「생명철학」 등 여러 논문을 발표했다.

삶에 더 가까이, 일상이 빛나도록

포착하고 스며드는
문화예술교육

김월식 | 김혜일

#삶
#일상
#코로나
#회복
#전환

문화예술교육은 우리의 일상과 삶의 문제와 밀접하게 연결되어 있다. 그간 '아르떼365'는 지역 - 마을 - 공동체 - 개인의 삶, 일상의 문제를 발견하고 변화 혹은 전환의 단초를 만들기 위한 예술교육가의 실험과 활동을 담아왔다. 한편 팬데믹, 디지털 시대, 인구 감소, 세대 격차 등 동시대의 문제들이 감당하기 힘든 속도와 밀도로 닥쳐오며 우리 삶의 풍경, 토대가 급변하고 있다. 개인의 삶과 일상 역시 커다란 도전을 맞이하고 있는 지금, 예술교육은 무엇을 발견하고 질문할 것인지, 어떤 예술적 실험과 활동이 필요할지 이야기 나누었다.

김혜일 2020년 꿈다락 토요문화학교 '유연한 함께 살기' 프로젝트를 하면서 당사자성에 대해 깊은 고민에 빠졌다. '유연한 함께 살기'를 하면서 내 콘텐츠에 관해 과신하고 뭉뚱그려왔던 부분을 반성했다. 그동안 15년 넘게 다양한 계층을 만났지만, 할머니와 손주 간의 관계 안에서의 당사자성을 깊이 고민하는 새로운 실험을 해보게 되면서 당사자의 관계나 그들의 이야기 속으로 들어가지 못하는 피상성에 대한 고민과 함께 당사자의 마음에서 멀어졌다는 생각에 자괴감이 들었다.

지금껏 문화예술교육으로 수많은 사람을 만났는데, 프로그램으로만 만난 거다. 길게는 6개월, 일주일에 한 번 2시간. 그 만남이 좋고 행복했지만, 프로그램이 끝나고 나면 어떻게 계속 관계를 이어갈 수 있을까 고민이 있었다. 그렇게 현장에서의 에너지가 소진됐다고 느낄 즈음 강화도에 있는 '꿈틀리 인생학교'(이하 꿈틀리)로 옮기게 됐다. 전환기 학교인 꿈틀리는 아이들과 1년 동안 24시간 함께 지낸다. 그 밀도와 삶의 일상성을 함께한다는 게 내게 매력적으로 다가왔다.

김월식 지원사업을 하면 대부분 1년 단위로 만남과 헤어짐이 반복된다. 어떻게 보면 나를 소모하는 방식이다. 그래서 어느 시점에는 '학교'처럼 만나는 게 개인한테도 중요하다. 저도 예전에 '다사리문화기획학교'를 시작할 때 프로그램이 아닌 학교가 됐으면 좋겠다는 생각이었다. 일주일에 두세 번 정도 만나는 거였지만 일반 학교 과정처럼 하는 게 중요했다. 꿈틀리처럼 같이 사는 건 또 전혀 다른 얘기다.

삶과 일상을 나누는 방식

김혜일 꿈틀리에는 엄청난 서사를 가진 아이들이 와서 1년을 함께 먹고 자고 싸우고 부대끼면서 울고 웃는다. 삶을 나누는 것이 주는 힘이 어마어마하더라. 프로그램으로 만날 때는 자기를 감추고 만나기도 하고, 다 드러내지 않는다. 드러낸다 해도 한계가 있고 억지로 드러내게 할 수도 없어 아쉬움이 있었다. 꿈틀리 아이들을 보면 처음 2~3개월 정도는 자기를 포장하지만, 어느 순간 관계 안에서 자연스럽게 자기가 드러난다. 그래서 일상을 나눈다는 것이 중요하다.

김월식 대안적 삶이나 대안적 교육이라는 게 있을까? 결국 삶과 일상적 교육 속에서 어떤 것이 가치 있고 개인의 고유성을 빛나게 하는지를 발견하고 읽어주고 생각하게 하고 실천하게 하는 과정이라고 생각한다. 꿈틀리에 왔다고 해서 전혀 다른 삶을 향해서 왔다고 보지는 않는다. 그냥 일상을 사는 건데, 꿈틀리 관계자들이 그들 삶의 서사와 가치를 읽어주고 아픔도 같이 나누는 일련의 과정을 통해 그 사람을 성장시키고 변화하게 하는 거다. 그것은 프로그램 방식으로는 가능하지 않다.

김혜일 현대사회는 효율성을 따진다. 문화예술교육 정책 역시 예산에 따른 효율성을 고민할 수 있겠지만, 삶으로 디테일하게 만나려고 할 때는 그 효율성이 배제돼야만 한다. 개별성과 고유성에 얼마만큼 깊이 들어갈 수 있느냐가 중요하다. 꿈틀리 마지막 기수는 교사가 6명이고 학생은 15명으로 줄었는데, 아이들을 바라보는 측면에서는 굉장히 좋았다. 그냥 질풍노도의 시기라고 치지 않고, 각자 16~18세까지 살아온 삶의 고유성을 어떻게 발견해낼 것인지 맞춤형으로 하려고 노력했다. 그때 개별적 서사를 들어주기 위한 장치나 매개를 교육과정 안에 넣었는데 문화예술교육 현장 경험이 도움이 됐던 것 같다.

김월식 하나의 '공동체'는 신뢰감, 믿음 같은 것이 축적되는 충분한 시간과 과정으로 만들어진다. 공동체 안에서 느끼는 안정감, 거기서 마음껏 발휘하는 표현의 자신감 같은 것이 공동체 바깥에서 어떻게 작동될까? 이것이 늘 우리가 궁금한 부분이고 선생님도 그 질문을 많이 받았을 것 같다.

김해일 저 역시 그런 질문을 많이 받는다. 졸업하면 어떻게 되는지, 안전한 공동체에서 밖으로 나가면 뭘 할 수 있는지. 한 대안교육가는 우리가 대안적 측면을 너무 강조해서 사회에서 역동성을 만들어나갈 힘을 길러주지 못하는 건 아닌가 하는 고민도 든다고 이야기하더라. 물론 다 성공(?)하지는 않겠지만, 그 과정에서 보호자인 부모가 힘이 생기더라. 아이가 학교생활에 적응 못 하던 예전과는 다른 모습도 봤기 때문이다. 아이가 하고 싶은 걸 할 수 있도록 다른 선택을 할 수 있게 되는 거다. 그래서 김월식 선생님의 생각이 궁금했다. 선생님의 SNS에서 딸 '순'의 이야기를 많이 보게 된다. 아이가 자라면서 보이는 여러 생각과 행동에서 예술 활동과 창작의 소스를 얻는다는 생각도 들었다. 그것이 예술가가 '일상'에서 길어올리는 창작의 힘이 되기도 하는지 궁금하다. 저는 어머니의 삶을 관찰하며 예술교육의 인사이트를 얻기도 한다.

김월식 딸을 보면서 깨닫게 되는 것이 많다. 3년째 아이의 공동육아를 하고 있는데, 아침에 가면 바로 산에 가서 종일 놀다가 하원한다. 글이나 숫자 교육을 안 하지만, 자연에 대한 감각은 되게 좋다. 아이가 숫자 개념을 안 지는 얼마 안 됐지만, 어렸을 때부터 물감을 갖고 놀아서 빨간색에 파란색을 더

하면 보라색이 된다는 건 훨씬 전에 알았다. 자기가 색을 섞어봤기 때문에 아는 거다. 공동육아 하기 전에 가정집에서 하는 어린이집에 보냈는데 코로나가 되니까 아이들을 밖으로 내보내지 않았다. 어느 날 아이가 흙바닥에 앉지도 못하고 모래를 만지지도 못하는 모습에 충격을 받았다. 아이들이 아무거나 집어먹는 시기가 있는데, 자기가 먹어봐야 먹을 수 있는 건지 아닌지 알게 된다. 직접 해보면서 체화하고 지난하게 자기 실수를 반복하면서 배우고 자라는 거다. 그런데 우리의 교육은 그 지난한 과정을 생략하고 마지막만 들여다보고 있는 게 아닌가 생각이 든다.

김혜일 중요한 부분이다. 이를테면 일종의 면역력인데, 우리가 코로나바이러스를 겪으며 균을 제거하고 소독하는 측면으로 봤지만, 실제로는 우리가 삶을 살아갈 때의 면역력이 필요했던 거다. 그 과정을 어른들이 제거하니 결국 스스로 면역력을 키우지 못한 거다.

김월식 코로나 시절에 태어나서 성장한 아이들은 비슷한 문제를 갖고 있다. 코로나 시기에는 멀리 가지 못하니까 바다나 강을 보지 못했다. 선풍기나 에어컨이 아닌 자연에서 부는,

볼을 간지럽히는 바람을 느껴야 하는 것이 나한테는 정말 중요한 일이었다. 그래서 요즘은 가장 기본적이고 필요한 것으로 초점이 옮겨간다. 야생으로 돌아가자!

김혜일 어느 순간 사회시스템에 들어가면서 야생성을 잃어버린다. 그럼 그 인사이트를 어디서 얻을 수 있을까. 저는 기본적으로 나의 이야기에서 출발하려고 노력한다. 기획자나 예술교육가는 삶의 일상성이 중요하다.

몸에 새기는 감각, 삶을 채우는 시간

김혜일 그동안 현장에서 아동청소년을 많이 만났지만, 꿈틀리에 와서 여러 생각이 들었다. 요즘 청소년은 이럴 거라는, 내가 정한 막연한 기준으로 프로그램을 짜고 나서 실제로 그들을 만나보면 많은 부분에서 갭gap이 느껴졌다. 아이들의 일상이 너무 많이 무너졌더라. 그래서 삶의 기본이라 할 수 있는 쓸고 닦고 정리하는 등의 일상성, 생활력을 회복하는 훈련을 많이 했다. 그런 감각이 살아나지 않으면 아무리 공부하고 해외 견학을 한다 한들 무슨 의미가 있을까 싶었다.

김월식 제가 요즘 문화예술교육에서 가장 핵심이라고 생각하는 부분이 그 지점이다. 그림을 그리거나 노래를 부르거나 연극을 한다고 해서 문화력이 충만한 게 아니잖나. 사실 자기 옷 하나 잘 개는 게 훨씬 문화력이 충만할 수 있다고 믿는다. 그것이 바로 삶의 가치이고 고유성이니까. 옷을 똑같이 네모나게 개도 다 똑같지 않다. 손끝이나 온몸에서 나오는 감각, 속도가 다 다르다. 그건 좋고 나쁨의 문제가 아니라 그의 기질이다. 그 기질 속에서 고유의 가치를 읽어주고 그것이 그의 고유성이 될 수 있다고 믿어주는 게 중요한 것 같다. 그래서 얘기하는 게, 아침밥을 지어서 먹어보자는 거다. 농부들이 오랫동안 지혜롭게 개발해서 지금의 벼를 만든 게 우리 농경문화다. 우리가 밥을 해 먹는다는 것은 그 농경문화 속으로 들어가는 거다. 물감이나 악보, 무대가 없어도 밥을 같이 해 먹는 것만으로도 문화적 가치와 예술적 정신이 충만할 수 있다.

김혜일 꿈틀리 아이들과 덴마크 에프터스콜레Efterskole에 가서 한 달을 살았는데, 바다와 자연 속에 있는 기숙형 학교다. 아이들이 20명씩 돌아가며 100명의 밥을 짓는데, 음식이 준비되면 식사하기 전에 재료와 요리를 설명한다. 재료를 탐색하고, 만들면서 역할 분담하고, 자기 역할을 감당하는 이것이 살아 있는 교육이라는 생각이 들었다. 또 '피지컬 엑서사이즈 physical exercise'라는 수업이 있었는데, 말 그대로 교사와 아이들이 바닷가 모래사장에서 야생으로 노는 거다. 힘겨루기하는데 싸움 직전까지 갈 정도로 원초적인 에너지를 쏟아냈다. 교사에게 위험하지 않냐 물었더니, 규칙 안에서 에너지를 끝까지 야생적으로 내봐야 자기의 끈기와 한계가 어디인지를 알 수 있다고 하더라. 이걸 넘으면 안 된다는 걸 느끼고 그만두는 건 사실 배려이기도 하다. 기본적인 질서와 규칙 같은 것을 관계성과 느슨한 안전함 안에서 훈련하는 이런 과정이 정규교과로 만들어져 있었다. 우리 아이들도 두 팀으로 나뉘서 수건을 잡아끄는 활동에 참여했는데, 그때 놀라운 장면을 목격했다. 고립성이 있던 한 아이가 에너지를 끌어내는 거다. 6, 7개월 동안 보이지 않았던 모습이었다. 왜 우리 아이들이 무기력하고 핸드폰만 하는지 생각해보면, 우린 이런 훈련을 안 하는 거다. 원초적인 힘과 관계 안에서 조금 더 야생적으로 무언가를 해야 하지 않을까. 지금까지 너무 안전하게 해왔다.

김월식 효능감, 쓸모에만 관심이 있기 때문에 야생성은 이제

퇴화한 감각, 사는 데 불필요한 감각이라고 생각한다. 어찌 보면 그것이야말로 미래 사회를 살아갈 사람이 갖고 있어야 할 중요한 감각이다. 올라가서 떨어지면 다친다는 걸 지식으로만 받아들이면 체감되지 않는다. 문화예술교육은 서비스가 아니다. 위험하고 불편한 걸 다 떼어내고 안전한 것만 입에 떠 넣어주는 게 아니다. 정말 지난하고 약간 위험한 일련의 과정, 그곳으로 가는 과정이 중요하다. 그래서 원데이 클래스 같은 것이 불편하다. 압축해서 2~3시간 안에 체험하면서 자기는 문화생활을 영위했다고 쉽게 생각하는 것이 안타깝다.

최근에 문화예술교육에서 가장 중요한 게 뭐냐는 질문을 받았다. 저는 '선생'(예술교육가)이라고 생각한다. 선생이 어떠냐에 따라 똑같은 프로그램이어도 전혀 다른 결과가 나온다. 선생은 잘 보는 사람이다. 빠르게 지금 상황을 잘 읽고 어떤 상황에서든 자연스럽게 갈 수 있도록 조력해주는 사람이다. 그런데 선생을 만드는 것에는 크게 고민하지 않는 것 같다. 각종 매개자 프로그램이나 역량 강화 프로그램에서 과연 교육에 대한 자기 철학이 만들어질까? 순발력과 모든 사람의 속도를 다 읽어줄 수 있는 역량이 나올까?

김혜일 문화예술교육 현장에 가보면 1년 지원사업이라는 시스템의 한계를 느낀다. 그 구조 안에서 움직이는 이들에게 그것밖에 못 하냐고 말할 수는 없다. 꿈틀리를 하면서 기회만 된다면 프로그램보다는 삶으로 살아내는 만남을 갖고 싶다고 생각했다. 아차도에서 만난 한 작가는 10년 동안 섬에 드나들면서 30가구 되는 주민과 작업을 했다. 형식상으로는 예술교육 프로그램이지만, 작은 섬마을 할머니들이 주는 밥 먹고 그냥 산 거다. 집집마다 할머니들이 그린 그림으로 가득 차 있었고, 한 명의 예술가가 10년간 한 마을을 드나들며 만났던 이야기가 펼쳐졌다. 거점이든, 마을이든, 공동체에서든 이렇게 문화예술교육을 할 수 있다면 좋겠다고 생각했다. 처음에는 한 공간에 모여 프로그램을 진행하려고 했는데, 굴 따러 나가는 어르신들이 모이기가 쉽지 않아서 각자의 시간, 각자의 방식에 맞춰 물감을 들고 어르신들을 찾아갔다고 한다. 그 삶으로 들어가야 한다는 걸 깨달은 거다. 얼마만큼 삶으로, 일상으로 자연스럽게 스며들 수 있느냐가 관건인 것 같다. 예술가, 예술교육가에게 의지하지 않고 스스로 자연스럽게 자기 삶으로 예술을 끌고 들어갈 수 있어야 한다. 결국 일상에서 예술이 역할을 하는 과정을 만들어주는 것이 최적일 것 같다.

김월식 다사리문화기획학교에서 만난 분이 있다. 편찮으셨던 어머니와 함께 아파트 15층에 사셨는데, 가끔 창밖에 새가 오는 걸 보고 먹이를 놓기 시작하면서 어머니에게 생기가 돌아온 걸 포착했다. 그래서 어머니에게 이 동네 새를 다 불러보자고 했다. 1년 동안 동네에 50여 종의 새가 있다는 걸 알게 되었고, 노모는 새를 그리기 시작했다. 그림을 배우지 않앉는데도 점점 늘어 기가 막히게 그리신다. 지금은 탐조책방을 내고 동네 사람들과 탐조 활동을 한다. 일부러 숲에 가서 생태적인 삶을 체험하는 것도 방법이지만, 매일의 생활 안에서 실천하는 것이 생태적 삶의 일상성이다. 어느 아파트 단지에 가도 새는 있지만, 삶에서 그것을 포획해내는 감각이 중요하다.

삶의 예술적 일상성

김혜일 모든 사람에게 삶의 예술적 일상성이 있다. 그런데 어느 순간 우리는 예술이라는 기술과 테크닉은 놔둔 채 일상성을 예술의 소재로만 써버린 게 아닌가 하는 생각이 든다. 삶을 예술로 가꾼다는 것은 결국 내 안에 있는 어떤 패턴이나 리듬, 감각을 발견하는 것이다. 예술의 일상성은 삶 속에서 그것을 발견하게 해주거나 그 감각을 깨워주는 것이다. 예술교육을 기획할 때 그 출발점이 자기 삶과 일상에서 나온 것이면 좋겠다. 내가 놓치고 있었던 부분이기도 하다. 이를테면 예술작품을 보면 많은 설명을 하지 않아도 느끼고 감동한다. 한 사람의 예술교육가가 자기 삶과 일상에서 길어올리고 포착한 에너지를 나누는 프로그램을 만드는 힘은 대단하다는 생각이 든다. 그러기 위해서 계속 깨어 있어야 하지 않을까.

김월식 야생적인 감각은 각자의 삶에 다 내재되어 있다. 은둔형 외톨이였던 아이가 덴마크에서 힘을 발휘한 것도 이미 가지고 있었지만 발현되도록 도움받지 못했을 뿐이다. 결국 야생성을 회복한다는 것은 내 안에 있는 나의 진짜 능력, 재능을 다시 마주하는 것이다. 말씀하신 것처럼 자기 삶과 일상에서 출발하기 위해 계속 깨어 있는 것은 쉽지 않고, 쉽게 안 바뀌는 부분이다. 현장에서는 예술이 가진 특수성에 함몰되어 뭔가 해내야 한다는 강박 같은 것이 있다. 인구수만큼의 예술과 문화가 있다고 생각한다. SNS에서 개인의 일상까지 공유되면서 트렌드나 유행이 개인의 개별성이라는 가치를 뭉개고 평평하게 만드는 것 같아 안타깝다. 그 사람만 할 수 있는 것은 그대로 내버려두어야 한다. 정책에서 보편적인 언어로 다듬어서 제도 안에 끼워넣고서 모든 사람이 누리게 하는 방식이 아직도 유효한지 모르겠다.

김혜일 문화예술교육조차도 획일화와 효율성 같은 근대 교육의 틀을 못 벗어나는 한계가 있다. 예를 들어 느린 학습자나 우울한 아이, 집중력이 낮은 아이 등 정서적으로 다양한 아이들에게 똑같은 속도를 요구하는 것은 폭력이다. 신경 다양성을 가진 이들을 생각한 속도와 그에 따른 성취 등 목표가 달라져야 한다.

김월식 소수일 때는 가능하다. 그러려면 문화예술교육층이 훨씬 두터워지고 사람이 더 많아져야 한다. 물론 예산도 그렇게 바뀌어야 하고. 그런데 우리나라는 소수 인원이 많은 사람을 교육하는 방식이어서 쉽지 않다. 그래서 정책 밖에서 이런 방식을 끊임없이 실천해나가는 게 중요하다.

김혜일 고유성을 주제로 '유연한 함께 살기'를 하면서 처음으로 4가족 8명과 실험을 해봤고 가능성을 느꼈다. 물론 품이 더 많이 들었지만, 사업에서 허용하는 범주가 넓었기에 가능했다. 근본적으로 그런 시선을 가지면 정책적으로도 방법을 찾아낼 수 있을 거다. 한편, 신중년이나 어르신의 삶의 서사를 끌어낼 때 그 깊이나 현장성을 담보하지 않은 채 주목받는 방식을 따라가는 경우가 있었다. 그들만이, 거기에서만 이룰 수 있는 고유한 뭔가가 있었던 것뿐인데 그게 정답인 것처럼 인식하는 것은 문제인 것 같다.

김월식 노인 한 명을 잃으면 도서관 한 채를 잃는 것과 같다는 말이 있다. 그 많은 근대적 기억과 경험, 지혜, 삶의 다양성을 잃는 거다. 그것을 소중한 문화적 자산이라고 생각할 때, 프로그램을 위해서 이야기하거나 쓰라고 쉽게 말하는 건 어쩌면 폭력적인 일이다. 타자의 이야기를 어떻게 잘 듣고, 스스로 발화하고 싶을 때 자연스럽게 얘기하고, 그걸 기억하면서 자기 삶을 깊이 느끼게 하는, 그런 힘에 대해 생각해야 한다. 우리 팀 작업실이 수원시 팔달구 지동에 있었는데, 인근이 문화유산으로 등재되면서 집을 허물고 잔디가 깔리는 걸 본 동네 할머니가 "야, 무슨 놈의 세상이 죽은 유산이 산 사람을 내몬다냐" 하시더라. 그 말씀에 다 내포되어 있다고 생각했다. 문화도시로 선정되지 않았다고 문화가 없는 도시는 아니다. 반대로 문화도시로 선정되었다고 문화가 충만한 도시는 아니다. 문화는 어디에든 있다.

김혜일 2024년 고흥문화도시센터 사업 중 하나인 문화갑계 프로젝트에 관여했었다. '갑계'는 고흥 지역에 남아 있는 독특한 문화로 동갑내기들의 계모임이다. 각 갑계 구성원들이 가진 취향이나 취미를 모아서 '문화갑계'가 만들어진 거다. 반려동물, 여행 등 3년 동안 50개의 문화갑계를 만들었다. 이

주민에게는 문화갑계를 통해서 원주민 커뮤니티도 만나고, 고흥에서 작업할 수 있는 계기도 된 거다. 50개 문화갑계가 각자 발표를 하는데 자기 일상에서 건진 이야기들이라 디테일이 살아 있었다. '문화'는 아래에서부터 올라오는 것이고, 그 힘의 원천은 바로 '삶의 일상성'이다. 그 일상성은 너무 어렵지도 힘들지도 않은 취미와 취향에서 출발하는데, 문화갑계는 그것을 지원한 것이다. 뭔가를 만들어놓고 참여하라는 게 아니라 먼저 묻고 응답한 것이다.

삶의 장소에서 만난 고수들

김월식 결국 문화가 일상이다. 취미는 즐겁지만, 직업이나 일이 되면 달라진다. 목적성이 없고 놀이가 되면 재미있는 거다. 흔히 말하는 동아리, 취미나 취향이 결국 문화다양성에서 중요한 지점이다. 생활체육과 비교해보면 조기축구회는 목적성 없이 그저 축구하기 위해 모이며 즐긴다. 문화예술은 왜 그렇게 즐기지 못하고 허약할까 하는 생각이 들었다.

김혜일 우리가 삶과 일상이 펼쳐지는 '장소성'을 잃어버린 게 아닐까. 외롭거나 힘들 때 편하게 슬리퍼 신고 나가서 술 나눠 마시며 이야기 나눌 사람들이 있는, 그런 삶의 일상성이 펼쳐지는 장소, 공간이 중요하다. 그걸 확보하지 못했을 때 예술도 삶도 힘들어진다. 손택수 시인의 「앙큼한 꽃」에 나오는 "이 골목에 부쩍 / 싸움이 느는 건 / 평상이 사라지고 난 뒤부터다"라는 문장에 깊이 공감했다. 평상이 사라졌다는 건, 삶의 일상성을 공유하고 나누던 플랫폼이 사라져버린 거다. 문화예술 또는 예술교육이 어떻게 그것을 다시 회복할 수 있을지 고민해야 한다.

김월식 '장소성'이 생기려면 무엇이 필요한지를 생각해봐야 한다. 장소는 사람이 모이는 곳인데, 온라인 커뮤니티가 일종의 장소를 획득하는 것처럼 장소를 이끄는 게 무엇인지 보아야 한다. 사람이 모이게 하기 위해서는 특별한 목적성을 두지 말고 개인의 편협한 취미 중심으로 모여 자기들끼리 얘기하며 놀 수 있게 해줘야 한다. 자꾸 모여서 무슨 얘기를 하라고 관여하면 뾰족한 것들이 자꾸 평평해지고 고유성이 없어진다. 고유성은 길러지는 것이 아니라 가지고 있는 것이니까. 우리 미술관 옆에 편의점에서 저녁에 아르바이트하는 80대

할아버지가 『명심보감』을 필사하는 걸 보고 이야기를 나누게 되었다. 학교 교사로 학원 강사로 오래 일하셨다. 은퇴한 이후에는 동네 노인정에서 『명심보감』을 가르친다. 그분을 보면서 삶이란 정말 대단하다는 생각이 들었다. 어떻게 이런 분을 존경하지 않을 수 있겠나. 곳곳에 고수들이 있다.

김해일 우리가 늘 수사처럼 '예술로 말 걸기'라고 하지만, 실제로는 잘 이뤄지지 않는 것 같다. 일상에서 편의점 직원에게 말을 걸어보는 것 같은 경험이 축적되면 이를 자산으로 예술로도 충분히 말을 걸 힘이 생기지 않을까. 내 삶의 경계를 확장해나가기가 쉽지 않지만, 차분히 머무르면서 둘러보는 힘이 일상성에서 굉장히 중요한 문제인 것 같다.

김월식 요즘 사람들은 끈적하고 질퍽한 관계를 안 좋아하고 '쿨한' 관계를 원하는데, 저도 외향적인 사람은 아니지만 한 번도 느닷없는 작업을 해본 적이 없는 것 같다. 이번에 딸이 열패치를 붙이고 햇빛을 찍어먹는 장면(작품명 〈햇빛 찍어먹는 아이〉)을 베니스비엔날레에서 전시했다. 그런 일상적인 장면들이 깨달음을 줄 때가 많고, 오랜 시간이 지나서 알게 되는 어떤 것들을 짧게 뭉뚱그려서 가르칠 수 없다는 생각도 많이 한다. 스스로 보고 발견하고 깨닫는 '언러닝unlearning' 방식이 맞는 것 같다. 딸에게 불은 뜨겁다고 말로 알려준다고 알 수 있는 게 아니잖나. 그런 면에서 미디어를 생각해봐야 한다. 지금을 살면서 미디어를 안 할 수는 없지만, 그럼에도 다양한 감각을 가지려면 종이의 서걱거림도 알아야 한다.

늘 동시대적 삶에서의 문화예술에 관한 생각을 하지만 아직 정답을 찾지 못했다. 지금 저는 보통의 삶에서 어떤 가치를 읽고 깨닫는 게 너무 좋다. 예술은 매우 특별하지만, 그 특별함이 삶의 특별함과 다르지 않다고 생각한다. 누구에게나 서사는 있고 이야기는 힘이 세다. 그 고유한 서사적 가치, 개별적 가치 같은 것이 예술적 가치와 다르지 않다면 우리가 굳이 특별하게 예술교육, 예술이라는 걸 할 필요가 있는지 생각하게 된다. 한편, 예술가로서 저의 개별적인 예술이 나아갈 길을 찾았다. 예술가는 손에 잡히면 안 되는 사람이구나, 절대로 묶을 수 없는 어떤 걸 해야겠다고 생각한다. 삶도 마찬가지인 것 같다. 그냥 묵묵하게 자신의 삶을 잘살아내는 분들은 존경할 수밖에 없더라. 사람은 누구나 다 소중하고 가치 있다.

김혜일 동시대성은 끊임없이 변한다. 요즘 AI나 기술이 포함

"결국 야생성을 회복한다는 것은
내 안에 있는 나의 진짜 능력,
재능을 다시 마주하는 것이다."

-김월식

"외롭거나 힘들 때 편하게 슬리퍼 신고 나가서
술 나눠 마시며 이야기 나눌 사람들이 있는,
그런 삶의 일상성이 펼쳐지는 장소,
공간이 중요하다."

-김혜일

된 미래 교육 이야기를 많이 한다. 우리는 생활인이 만든 작품을 보면 '이거 예술인데'라고 말한다. 오랜 세월 동안 묵묵히 자기 삶의 암묵지로 만들어놓은 그들만의 힘이 있기 때문이다. 그 삶의 끈끈함과 어떤 시대가 되어도, AI의 시대가 되어도, 그것을 끌어나가는 힘으로서의 자기 삶의 기술·예술이 존재한다고 본다. 그 우직함, 순수성을 발견해내고 확산하고, 거기에서 배울 수 있는 것을 예술이 다시 표현해주는 것이 필요하다.

김월식

무늬만뮤지엄 관장, 무늬만커뮤니티 디렉터. 다사리문화기획학교 교장을 역임했다. '서사의 이면' 등 네 차례 개인전을 열었고 여러 전시와 프로젝트를 기획·총괄했다. 한국문화예술교육진흥원 등 여러 기관에서 문화예술교육 콘텐츠 기획에 참여했으며 다양한 문화예술 활동을 하고 있다. 2023년 무늬만뮤지엄을 열고 다채로운 프로젝트와 전시를 이어오고 있다.

김혜일

대학과 대학원에서 신학을 전공했다. 신神보다는 사람에 관심이 더 많아 사람 속으로 들어가고 싶어 문화기획자가 되었다. 신안군 도초에서 운영되는 생애전환 삶 프로젝트 섬마을 인생학교 교장을 맡은 것이 계기가 되어 따뜻한 남도에서 평생 살다가 2022년 청소년 전환학교 꿈틀리인생학교 교장으로 청소년들과 함께했다. 현재 목포를 삶터로 삼고 문화기획자로 활동하고 있다.

다양한 감각으로
삶의 터전에 깃들어

문화예술교육으로
발견하는 터무늬

안진나 황유진

#지역
#공동체
#현장

문화예술교육은 늘 지역과 함께해왔다. 지역 소멸이 가속화되는 상황에서 지역에 새로운 활력을 불어넣어줄 해결사가 되기도 하고, 지역의 고유한 터무늬를 발견해줄 탐험가로서 역할을 다해왔다. 그러나 지역 간의 문화 격차는 좀처럼 줄어들지 않고 있다. 그렇다면 지역에서 문화예술교육을 지속할 수 있는 힘은 무엇일까? 각자 삶의 터전에서 치열하게 활동해온 두 사람이 예술교육가이자 지역의 활동가로서 지난 20년을 발판으로 새롭게 나아가기 위한 대화를 나누었다.

황유진 저는 소외계층이나 사람들이 돌아보지 않는 것, 오래된 것이나 버려진 것에 대한 관심이 많은 편이다. 도시야생보호구역 홀라의 작업을 보면서 저와 세상을 바라보는 관점이 비슷하다고 생각했다. 홀라의 영상이나 다른 콘텐츠를 보니 시각적인 부분도 그렇고 여러모로 대단하더라.

안진나 저도 다방면에 관심이 많은데, 함께하는 동료들도 영상, 사진, 음악, 커뮤니케이션, 행정 등 각자의 분야가 있다보니 다채롭게 보인 것 같다. 홀라 멤버들과는 2011년쯤부터 대구 북성로 지역에서 활동해왔다. 원래 지역에 대한 조사와 아카이빙, 문화기획을 하면서 만난 친구들과 홀라라는 팀을 만들었다. 2018년부터는 완전히 독립된 단체로 활동하고 있고, 북성로를 거점으로 운영하는 공간도 있다.

이랑고랑의 영상을 보면서 김제시 용평마을과 어떤 관계를 맺어왔을지 느껴졌다. 저는 도심의 공업 공간에서 주로 할아버지들을 대상으로 활동하는데, 저와 전혀 다른 지역과 조건에서 활동하는 모습이 매우 흥미롭게 느껴졌다. 유튜브의 쇼츠 영상도 재밌었다. 짤막한데도 현장감이 잘 느껴졌다.

황유진 용평마을에는 할아버지들이 별로 안 계시기도 하고 제가 내성적인 성향이라 할아버지를 대하기가 어렵더라. 저의 성향에 맞춰서 대상을 만나게 된 것 같다. 쇼츠 영상을 올렸던 이유는 자녀들이 현장 그대로를 확인했으면 했다. 또 편집이 불가능한 기록 자체를 보여주고 싶었다. 매끄럽지 않더라도 그 현장에서 저희가 어르신들에게서 발견한 놀라움을 다른 사람도 있는 그대로 봐줬으면 했다. 그러다보니 구독자는 모을 수 있지만 재생 수는 늘릴 수 없는 채널이 되었다. 그래도 지금까지 오게 된 것은 모두 팀원들 덕분이다. 저 혼자였다면 진지하고 진부했을 거다. 저는 오랜 시간 만나면서 친해지는 것을 지향한다. 무뚝뚝한 성격에 아이스 브레이킹 시간을 따로 마련하지는 않다보니 저를 어려워하는 어르신들도 계셨다. 팀원 중 연극을 하는 친구는 한순간에 자기를 망가뜨리면서 관계의 경계를 무너뜨리더라.

안진나 저도 내성적인 성향이다. 북성로에 처음 발 디딜 때만 해도 쇠퇴한 도심지, 오래된 공구 거리라는 인식이 일반적이었다. 우리 세대들은 별로 관심을 두지 않았고 딱히 연결고리도 없는 곳이었다. 하지만 왠지 북성로를 가득 채우고 있는 오래된 것, 숨겨진 것, 잊히는 것, 버려진 것들이 지닌 아우라가 매력적이었다. 사람들은 자기와 비슷한 것에 끌리지 않나. 그런 사람끼리 만나면서 여기까지 온 것이다. 각각 있었으면 이만큼의 시너지가 나오지 못했을 거다. 이 지역 자체가 가진 힘에서 모든 것이 출발했다고 생각한다. 북성로에는 시간의 흔적이나 아우라를 가진 오래된 공간이 많아서, 그런 매력적인 부분들을 자기 방식으로 담아내고 표현할 수 있는 비주얼 작업하는 분들과도 많이 일하게 된다. 결국 지역에 다 있는 것이다. 거기서부터 출발하는 것이 중요했던 것 같다.

이상과 현실 사이

황유진 대학 시절 선배 따라서 예술교육을 하게 되었다. 예술이 직업이 될 수 없다고 믿는 가부장적인 집에서 자라온 터라 예술교육을 알았을 때 치유되는 느낌을 받았다. 사회에 예술이 필요하고 쓸모가 있다는 생각에 예술교육의 힘에 매력을 느껴 선배들을 열심히 따라다녔다. 그렇게 시작해서 생업이 되었다. 기획 일을 시작하면서 예술의 가치를 제대로 담을 수 있는 기획을 해보자는 취지로 마음에 맞는 팀도 꾸리게 되었다. 지금 생각해보면 그 시작점은 기획을 위한 기획이었던 것 같다. 그러다가 어르신들을 만나 프로젝트를 지속하면서 기획의 접근 방식이 많이 바뀌게 되었다.

어르신들이 필요한 것을 채우고 삶의 현장에 맞는 잠재력을 발견하는 사회 구성원으로 활동할 수 있도록 자신의 재능을 활용할 방법을 찾게 되었다. 아흔이 넘어도 잠재력을 발견할 수 있다는 것이 실재했다. 예술교육 프로그램에서 두드러진 재능을 보이는 분들은 다른 협력 단체랑 이어주려고 노력하고 있다. 연기를 잘하시는 할머니를 청소년 영화 동아리에 이어주기도 하고, 이랑고랑에 디자이너로 영입해서 상품을 만들고 직접 판매도 하는 등 다양한 확장을 해보려고 한다.

저는 문화예술교육으로 자립할 수 없다고 생각한다. 가치에 초점을 두는 일은 복지의 한 부분으로서 국가의 지원이 필요하고, 아직은 그 지원 속에서 성장해야 하는 시기다. 가치 실현이 재화로 환산되지 못하는 현상황에서 자립을 운운하는 것은 무책임하다는 생각이 들었다. 지금은 사회 안에서 문화예술교육이 어떻게 자리잡고 역할을 확장할지 고민하고 성과도 연결될 수 있도록 노력하는 중이다.

안진나 자립은 정말 쉬운 일이 아니다.

황유진 홀라는 어떻게 팀을 유지하나? 저는 항상 이게 걱정이다.

안진나 우리는 처음부터 대단한 금액은 아니지만 월급제로 시작했다. 기존에 내가 경험했던 단체나 팀과는 다른 방식으로 하고 싶었고, 처음부터 안정적인 구조를 만들기 위해 월급제를 반드시 마련해야 한다고 생각했다. 항상 춘궁기와 수확기가 있지 않나. 저희도 늘 고민이 많다. 지금까지는 우리의 본업을 홀라에 다 집어넣어 다양한 일을 하다보니 성과도 있었지만, 지치기도 했던 것 같다. 앞으로 콜렉티브 형태로 프로젝트를 강화할지, 아니면 전 영역을 다 통합하는 게 좋을지 고민이다. 멤버끼리 공유하는 삶의 방향이나 가치관이 있기 때문에 우왕좌왕 좌충우돌할 수도 있다. 그러나 또 형태가 달라지더라도 함께할 수밖에 없을 거라는 믿음이 있다. 우리를 외부 기준에 맞추려 하기보다, 맥락을 잃지 않고 우리가 하고자 하는 바에 필요한 것을 계속 찾아가고 만들어가는 것이 중요하다. 우리의 출발 지점이 지역이고 나를 만나고 우리가 되는 과정에서 성장해왔다. 그러니 그런 측면에 집중하는 게 맞지 않을까, 계속 그렇게 수렴하게 되는 것 같다. 이랑고랑 영상에서도 서로에게 주는 에너지와 끈끈함이 많이 느껴졌다. 궁금하기도 하고 공감되는 부분도 많았다.

황유진 저는 무보수 대표다. 지원금을 받을 때만 그나마 수입이 생긴다. 다른 직업을 병행하여 수익을 얻고 있다. 우리가 고용한 안나 할머니 월급은 줄 수 있도록 수익 구조를 만들어놓았지만, 저를 포함한 멤버들은 또다른 직업을 갖고 있다. 어렸을 때는 같은 가치를 지향하는 것만으로도 함께 움직일 수 있지만, 생업이 되기는 어려운 구조 아닌가. 저희 멤버들은 작은 지역에서 20년을 알고 지내던 사이다. 각자 본업이 따로 있고 이 프로젝트를 위해서 시간을 내어 뭉치다보니 시간 맞추기가 어렵고 이탈하는 멤버를 붙잡을 수 없다. 저도 팀을 아울러서 책임질 수 있는 상황이 온다면 그렇게 하고 싶은데, 아직은 엄두가 나지 않는다.

안진나 굳이 그런 방식으로 가지 않아도 된다. 저희는 이상과 현실 사이에서 계속 질문하면서 나아가는 중이다. 경제적인 부분도 정말 중요하다. 이 일을 하기 위해서 기본은 만들어줘야 한다. 여러 선택지 중에서 이 일을 하려고 할 때는 분명한 철학이라든가 뭔가가 있어야 하지 않나. 그런 부분에 대해서 함께 공감대를 만들기 위해서 노력하고, 고민을 가장 많이 하는 것 같다. 우리도 생각이 다 똑같지는 않다. 저도 예전에는 조금 더 강력한 독재를 펼쳤다가 최근에는 수렴형 독재로 바뀌었다. 멤버들의 이야기를 많이 듣고, 저도 결정하기 전에 과정을 최대한 많이 공유하고 함께 공부하려고 노력하는 편이다.

살아온 기술, 만들어가는 예술

황유진 전주에는 문화예술 프로그램이나 교육이 많은데, 전주를 둘러싼 소도시에는 그런 게 없다. 그래서 나를 필요로 하는 곳을 찾아가야겠다고 생각했고, 그렇게 주변 도시 중 김제를 선택하게 되었다. 김제는 노령층 비율이 높다보니 자연스럽게 어르신을 대상으로 하는 기획을 생각하게 되었다. 그러던 중 어느 마을에서 벽화를 그려달라고 요청이 왔다. 저는 사실 낡은 것은 그 자체로 멋스러움이 있다고 생각해서 벽화 사업을 별로 좋아하지 않지만, 결국 마을 주민과 벽화 사업을 하게 되었다. '마을 가꾸기' 사업이었는데, 관련 자료를 보다보니 '주민 스스로'라는 말이 눈에 들어왔다. 그래서 주민을 모아 그림을 가르치고 그들이 그린 그림을 뽑아서 어르신들이 직접 벽화를 그리실 수 있게 했다. 벽에 빔을 쏘고, 그림마다 페인트를 조색해서 바로 사용하실 수 있도록 물감만 세팅해놓았다. 팔십 평생 처음 붓을 들었다고 하는데 너무나 잘 그리셨다. 우리가 보기엔 마치 상상 속의 새나 작물 같았는데, 그게 꽃인지 새인지 알아보겠는 디자인적 요소도 갖고 있었다. 마을에서 시간을 보내면서 주위를 둘러보니 '새의 저런 모습을 그리셨구나, 들꽃을 보면서 저 꽃을 그리셨구나' 생각하게 되었다. 다음해에도 지원사업에 선정되어 함께하게 되었고, 그다음해에는 지원을 받지 못했음에도 수업을 이어갔다. 우리가 어르신들께 특별히 뭘 가르치거나 하는 것이 아닌데도 발전하는 모습을 보면서 "김제회관 빌려서 전시해도 좋겠네요"라고 칭찬 삼아 했던 말이 현실이 되었다. 김제회관은 아니었지만, 전시 제안을 받아서 그렇게 전시회를 열었다. 제가 계획했다기보다 상황이 우리를 계속 끌어주고 발전시켜주었던 것 같다.

안진나 지역과 만나는 과정이 확실히 뭔가 좀 다른 것 같다. 우리는 만들어진 상태의 북성로에 들어가거나 대상이 정해져 있던 것은 아니었다. 지역은 다 저마다의 문화적인 경계를 갖고 자기다움을 지닌 곳이라고 생각한다. 지역 Location 은 '내가 자리잡은 곳' 그 자체 아닌가. 내 몸이 물리적으로 존재하는 곳과 가장 많은 영향을 주고받을 수밖에 없고, 그것들을 어떻게 인식하고 연결하느냐에 따라서 지속하고 변화하는 것으로 생각한다.

북성로 공구상가에서 일하는 분들은 모두 남성이고 연배도 높다보니, 처음에는 들어가지도 못하고 밖에서 혼자 울었다. 오랜 시간 이곳에서 지내면서 한 분 한 분 만나다보니 내 선입견에 가려져 보지 못했던 것들이 보이기 시작했다. 자기 삶을 헤쳐나가는 삶의 기술이 보였고, 이분들의 삶에 큰 감명을 받았다. 소비하고 버리는 것에 익숙해진 시대에, 버려지고 쓸모없어진 물건을 다시 필요한 물건으로 만들어내신다. 흔히 70, 80대 남자에게 갖는 선입견이 있지 않나. 그런데 그 선입견을 걷어내고 삶을 들여다보면 그들이 이뤄온 것들이 보이고 나랑 연결되는 지점이 보인다. 늘 연구하고 배우는 태도로 빛나지 않고 이름 없는 곳에서 주역으로 살아왔던 모습들에서 많은 배움이 있었던 것 같다. 이분들이 갖고 있는 길들지 않은 야생성과 삶으로 증명해온 것들을 산업적인 측면에서만 이야기하고 끝내면 안 되지 않겠나. 이걸 우리 시대에 필요한 이야기로 문화적으로 풀어내면 좋겠다고 생각했다. 기술과 예술은 어원을 따져보면 사실 같은 말이다. 예술가들이 북성로에 와서 작품을 만들면 예술가의 이름으로 굉장히 비싸게 팔리고 이분들은 인건비로만 끝나는 것이 부조리하다는 생각이 들었다. 뭔가 기울어져 있는 것, 맞지 않는 것을 본질적으로 다시 잘 드러내면 좋겠다는 생각으로 훌라의 작업을 이어왔다. 표면적으로 보이는 지역의 특징 말고, 깊숙이 들여다보면 다양한 이야기가 있다. 그래서 이랑고랑에서 할머니들을 관찰한 것이 되게 인상깊게 다가왔다.

황유진 어르신들이 살아오면서 둥글둥글해진 삶의 기술을 다른 관점으로 바라보면서 그분들의 이야기를 풀어봤다. 어르신들은 자기가 힘들었다고 절대 본인 입으로 말하지 않는다. 괜찮게 살아왔다고 말하지만, 다른 어르신을 통해 들어보면 그렇지 않았다. 그래서 타로를 보는 척하면서 어르신들의 이야기를 끄집어냈고, 그 기록을 모아서 연극으로 풀어냈다. 끝내 듣지 못한 이야기도 아직 남아 있다. 내년에는 짧은 영화로 찍어볼 생각이다. 스스로 의욕이 생겨서 이야기할 수 있도록 자극하고 있다. 큰 기획은 제가 하지만 결국 그 안을 채우는 것은 어르신들이다. 사실 저희가 문화예술교육을 엄청나게 잘하고 있는 게 아닌데도 어쩌면 경쟁자가 없다. 이유를 생각하면 이런 프로젝트는 돈이 되지 않고 능동적인 참여자를 만나기도, 팀과 프로젝트를 유지하기도 쉽지 않다. 그래도 저는 여기에 비전이 있을 것으로 생각한다. 문화예술교육으로 사회문제를 해소할 수 있고, 예술교육이 필요한 일이 점점 많아져서 문화예술교육에 대한 전문성 또한 더 중요해질 수 있다고 생각한다.

안진나 자기 삶으로부터 스스로 걸어나와 이야기를 끄집어내고 본인의 삶을 재조명할 수 있을 때, 문화예술이 우리한테 필요한 이유가 생겨나는 것 같다. 대표님은 미술을 전공했지만, 지역을 만나 활동하면서 연극, 영화로 이어졌다. 지역 자체가 지니는 고유함, 특성과 만나는 과정에서 풀어내는 방식 또한 한 가지 장르로 접근할 수 있는 게 아니다. 문화예술이라는 건, 삶이라는 입체를 모두 만나기 때문에 다원이 될 수밖에 없는 것 같다. 그런 과정에서 계속 서로 영향을 주고받으면서 진행된다. 현실적인 여건에도 불구하고 그곳에서 만들어진 연결고리가 대표님이나 이랑고랑 멤버에게 굉장히 중요했기 때문에 계속하는 거라는 생각이 든다.

삶을 입체로 만나는 연결고리

황유진 문화예술교육을 평가할 때 참여자 수를 중요하게 보는데, 대상의 질적 변화에 대한 고려 없는 평가 기준은 잘못된 것 같다. 수혜자만 늘리려 하고 깊이에 대해서는 간과하는 거다. 저희는 2020년에 만나서 이제 6년 차를 바라보는데, 10년이 되었을 때 어르신들에게 일어날 수 있는 변화는 예술교육의 영향이 드러나는 순간이지 않을까 싶다. 낭만을 기대하며 말로 만들어내는 효과가 아니라 누가 봐도 인정할 수 있는 상황을 만들어보자는 생각에 이 작업을 이어가는 것 같다.

"자기 삶으로부터 스스로 걸어나와
이야기를 끄집어내고 본인의 삶을
재조명할 수 있을 때, 문화예술이 우리한테
필요한 이유가 생겨나는 것 같다."

-안진나

> "문화예술교육으로
> 사회문제를 해소할 수 있고,
> 예술교육이 필요한 일이 점점 많아져서
> 문화예술교육에 대한 전문성 또한
> 더 중요해질 수 있다고 생각한다."
>
> -황유진

안진나 이런 활동에서 자기다움을 발견하고, 내가 어떤 사람인지 어떤 잠재력이 있는지 새로운 시선을 갖게 되는 것이 가장 중요한 지점이 아닐까 싶다. 참여자 역시 우리가 '대상'이라고 쉽게 표현할 수 없을 정도로 관계 맺기 속에서 '우리'가 되는 과정이 있지 않나. 기획자나 예술교육가, 예술교육에 참여하는 지역 주민 모두 자기다움이 생겨나는 것이 문화예술교육, 문화예술의 힘인 것 같다. 이것이 지속 가능한 힘이지 않을까. 우리도 참여자도 지치지 않는 구조, 오래 할수록 그런 게 중요하다는 생각이 많이 든다.

한편으로는 우리는 모두 유한한 존재이고 모든 것은 사라지는데, 과연 지속 가능성의 의미는 무엇인지, 어떤 것을 지속해야 하는지, 이러한 질문을 좀더 깊게 다뤄야겠다는 생각도 든다. 북성로는 굉장히 넓은 곳이다. 애정을 쏟던 공간이 재개발 사업으로 몇천 평 아파트로 바뀌는 모습을 보면서 자괴감도 들었고, 나의 일부가 파괴되는 느낌이 들었다. 지속 가능하다는 것이 항상 보존을 의미하는 것은 아닐 수도 있다. 북성로에서가 아니어도 우리가 배운 북성로다운 것들이 우리에게도 남아 있고 또 우리가 만나온 분들에게도 남아 있을 것이다.

황유진 제 개인 작업도 유한한 삶을 키워드로 한다. 우리와

친밀한 관계를 유지하는 어르신들이 지금은 모두 정정하시지만, 작별인사를 해야 할 날이 올 수 있다는 걸 생각하고 있다. 우리는 지속 가능성을 얼마든지 모방할 수 있는 밈과 같은 것이라고 본다. 우리 같은 사례가 널리 퍼져 이런 수업이나 어르신과 해보려는 일이 늘어난다면, 우리가 노인이 될 때쯤 노인이 소외되지 않고 똑같이 필요로 하는 사회 구성원이 되지 않을까. 이런 생각으로 일단 우리 작업에 집중하고 있다. 처음부터 계획하고 의식적으로 관계 맺기를 하게 된 건 아니었다. 진심으로 하다보니 이렇게 관계가 발전해온 것이다. 그런데 이것 말고도 다른 전략이 있지 않을까.

안진나 우리도 전략적으로 관계 맺기를 하지는 않는다. 그런데 중요하게 생각하는 사이클이 있다. 모든 건 장소에서 출발한다고 생각한다. 뭔가를 시작할 때는 어떤 곳인지, 무엇으로 이루어졌는지, 누가 살아가고 있는지 아는 것이 중요하다. 프로젝트를 할 때도 직접 그 장소에서 관찰하고, 느끼고, 기록해서 결과물을 만드는 것을 중요한 사이클로 가져가려고 한다. 이것이 결국 지역과 만나면 관계 자본이 되는 것이다. 우리가 생각하는 원칙은 이 정도다. 전략은 '무조건 열심히 한다'다.

함께 이루고
이어가기

안진나 저는 어릴 때부터 빨리 할머니가 되고 싶다는 생각을 많이 했다. 친할머니, 외할머니하고 좋은 관계 속에서 자란 덕분에 힘든 청년 시절을 빨리 끝낼 수 있었다. 저도 여유 있고 어른스러운 할머니, 그리고 사랑스러운 할머니가 되면 좋겠다. 대표님이 활동하는 지역의 할머니들처럼 말이다. 늙는다는 것이 두렵기도 하고 지금 사회에서는 막연하기도 하다. 대표님은 어떤 할머니가 되고 싶은지 궁금하다.

황유진 어르신들과의 문화 활동을 지속하는 이유 중 하나는 좀더 다양한 문화를 만들고 싶었기 때문이다. 365일 고스톱만 치시는 모습을 보았는데, 제 미래가 그런 모습은 아니길 바랐다. 그런데 어르신들을 만나고 그 편견이 깨졌다. 노인은 이럴 것이라는 편견이 있었는데, 안나 할머니를 만나고 친구가 되면서 생각이 완전히 바뀌었다. 나이가 들어도 마음은 아직 열여섯 살에 멈춰 있다는 것을 깨달았고, 안나 할머니처럼 삶을 능동적이고 주체적으로 사는 할머니가 되고 싶다.

안진나 북성로에서 기술자들을 만나면서 "일은 죽어야 끝난다" "일을 그만두면 죽는다" 이런 이야기를 많이 들었다. 그들에게 일은 단순히 돈을 버는 수단이 아니라, 자기 삶을 온전히 거기에 투영하는 방식이다. 무언가를 만들어내고, 그것이 유용하게 사용되는 것에 매우 큰 즐거움을 느끼기 때문이다. 그러다보니 일을 하는 게 삶의 생동감이고 존재 이유인 것이다. 그런 모습에서 일에 대한 관점을 새롭게 배우게 되었다. 내가 어떤 세상에 살고 싶고 어떤 사람이 되고 싶은지와 깊은 관계가 있다고 느껴졌다. 북성로 사장님들이 우리를 동네 일원으로 받아주고, 고맙다고도 해주고, 재밌다고 해주면, 감사함도 있지만 책임감도 많이 느낀다. 관계에서 오는 책임감을 무겁게 여기지 않기 위해서 계속 노력하는 편이다. 그럼에도 한 분 돌아가실 때마다 상심도 크다. 그런데 결국 누구나 언젠가는 사라지게 될 테니, 내가 누군가로부터 이어받은 것을 어떻게 남길 것인지가 중요하다고 생각한다. 우리가 비록 나이는 40대지만, 어르신들을 만났기 때문에 이런 인식도 생기는 것 같다. 나와 관계없다고 생각하면 그저 할머니, 할아버지로만 생각했을 텐데. 그래서 내가 느낀 이런 감각을 우리 팀원뿐만 아니라 다른 사람들과도 같이 나누고 싶다. 왜냐하면 너무 좋은 감각이니까. 그렇게 될 수 있을까 고민하면서, 튼튼하고 공구를 잘 다루는 멋진 할머니가 되고 싶다.

황유진 80대에 기계톱으로 나무를 자르는 조각가 할머니를 본 적이 있다. 지역에서 함께 나이들어가는 멋진 대표님의 모습이 기대된다.

안진나 저희도 직접 제작하고 공구를 다루지만, 나이들어서도 잘할 수 있는 건 체력으로부터 출발한다. 정신력도 체력이 받쳐줘야 견딘다. 그래서 대표님도 저도 건강이 제일 중요하다.

황유진

설치미술가, 유한회사 이랑고랑 대표. 김제시 광활면 용평마을이라는 삶의 장소에서 어르신들과 함께 예술공동체로서의 미술활동을 하고 있다. 문화 향유에도 양성 단계가 필요하다는 것을 깨닫고 그림, 연극 등을 활용한 문화예술교육 프로그램을 기획하며 마을 어르신들의 삶이 작품과 창작 과정에 드러나도록 이끌어가고 있다.

안진나

도시야생보호구역 훌라HOOLA 디렉터. 도시의 다양한 레이어를 파고들며 잊힌 기억을 불러들이고 사라져가는 문화를 기록하며 현재와 이어나가는 일을 한다. 이를 통해 지역이 총체적으로 읽히고 해석되며 다시 이야기되길 바란다. 도시야생보호구역 훌라는 대구 북성로를 중심으로 활동하고 있다.

다가서고 보여주고 깨우치는

어린이 청소년
문화예술교육의 변화

김숙희   고무신

#어린이
#청소년
#세대
#주체
#성장

'아르떼365'는 문화예술교육 참여자를 깊이 들여다보기 위해 노력해왔고, 어린이 청소년은 문화예술교육 정책이 시작된 이후 늘 가장 중요한 참여자였다. 지난 20년간 달라진 시대만큼, 어린이 청소년을 위한 문화예술교육의 관점 역시 어떤 변화가 있었을까? 놀이와 연극, 언뜻 비슷해 보이지만 형식과 방법이 서로 다른 분야에서 어린이 청소년이 삶을 자유롭게 깨우치고 스스로 몰입하며 느낄 수 있도록 오랫동안 활동해온 두 사람과 함께 어린이 청소년 문화예술교육이 나아갈 방향에 관해 이야기 나누었다.

김숙희 제가 아이들과 연극 놀이를 시작한 것이 1996년이니 거의 30년이 돼간다. 사실 저는 지금 현직을 떠났기 때문에 옛날이야기만 하게 될 것 같다. (웃음)

고무신 제가 생업으로 아이들을 만나기 시작한 것도 1996년이다. 민속학 대학원을 다니면서 교육청에서 운영하는 학생 야영에서 일종의 전임강사 형식으로 초·중·고등학교 아이들을 만났는데, 의무교육처럼 학급 단위로 들어오는 거라 보통 1년에 한 3만 명 정도가 다녀갔다. 그 당시 제 논문 주제도 어린이 전래 놀이였다. 아주 오랜 시간 전승된 그 놀이가 현재의 아이들과 어떻게 연결될까 하는 고민으로 아이들과 같이 연구하고 새로운 놀이를 제안하면서 30년 가까이 아이들을 만났다.

김숙희 민속학을 전공하면서 아이들과 놀아야겠다는 생각으로 시작한 것인가? 놀이 노동자라고 소개해서 조금 의아했다.

고무신 그렇다. 그런데 놀이가 일이 된다는 것이 참 모순 아닌가. 뒤에 있는 노동자는 생계다. 생계는 절박함이고 생존에 대한 부분이니까, 놀이로 나의 생계를 이어가겠다는 것이다.

김숙희 일도 하고 돈도 벌고. 참 좋은 팔자다. (웃음)

고무신 힘들다. (웃음) 2000년대 초반부터 한동안 대한민국이 체험 중심, 가볍게 맛보기로 돌아갔었다. 축제에 가면 부스가 쫙 있고 아이가 재미를 느끼거나 몰입할 겨를도 없이 다음 부스로 건너고, 건너고, 건너고. 이 가벼움을 넘어서려고 '경험'이라는 단어를 쓰기도 한다. 그러다가 2010년 이후 '놀이'가 떠올랐고, '2020 개정 누리과정'에서 유아교육도 놀이 중심으로 잡혀 있다. 그런데 그것이 실질적인 놀이의 본성에 다가가는가 따져보면, 놀이가 아니라 게임이라는 생각이다. 놀이의 좀더 깊고 근원적인 정체를 아이들과 같이 나누고 싶었다.

놀이와 연극 사이, 재생

김숙희 놀이를 영어로 하면 플레이play 이고 연극도 플레이다. 그런데 둘 사이에는 형식적인 차이가 있지 않을까. 저는 제 뜻이 아니라 돌아가신 이어령 선생이나 한국문화복지협의회 회장을 지낸 이중한 선생 같은 분들의 영향으로 어쩌다가 시작하게 됐는데, 한 1년 반쯤 지나니까 아이들에 대해서 눈을 뜨게 됐다. 그때는 문화예술교육을 하는 단체가 많지 않았고, 연극 분야에는 저희(어린이문화예술학교)와 극단 사다리가 있었다. 연극 놀이, 교육연극educational theatre 을 통해 아이들이 스스로 공연도 만들고, 공연을 만들기 전에 놀이로 몸을 풀기도 했다. 작업을 할수록 제 주관이 생기면서 아이들과 사회적 이슈를 다루는 연극을 해야겠다고 생각했고, 아이들이 직접 공연을 만들 때도 조별로 시놉시스 같은 것을 구성하게 했다.

그런데 30년 전에도 아이들이 왕따 이야기를 가져왔다. 그때는 사회적으로 따돌림이나 왕따가 그렇게 심각하게 드러나지도 않았을 때다. 지금까지 제가 만든 공연 주제가 다 그랬다. 아이들에게 환상을 주는 공연도 필요하지만 그렇지 않은 공연도 필요하다. 저는 동화 속 환상 같은 것은 거의 다루지 않았고, 만약 동화로 한다면 내용 뒤집기부터 시작했었다. 제가 은퇴한 이후, 지금은 그런 희곡을 쓰는 젊은 사람 7명을 모아서 2년째 지원하고 있다. 아이들을 교육하지 않고 그냥 보여주는, 아이들이 사회적 이슈를 스스로 판단할 수 있는 작품을 써보라고 했다. 그 대신 철저하게 예술적이어야 한다고 강조한다. 허버트 리드Herbert Edward Read가 얘기했듯 예술 자체에 이미 교육성이 있기 때문에 철저하게 예술적으로 만든다. 아이들의 호기심을 불러일으키도록 예쁜 선물상자 안에 교육적인 것을 숨겨놓는 거다.

고무신 놀이가 왜 플레이인지 저도 엄청나게 고민했었다. 어렸을 적 학교에서 배웠던 연극의 3요소에서 아이디어를 얻었는데, 무대라 할 마당도 있고 노는 주인공들이 있고 놀이 제목을 극본이라고 할 수 있는데, 관객이 누구인지가 해결되지 않았다. 우리끼리 놀기에 바쁘지, 옆에서 노는 걸 봐주는 사람은 없는데, 어느 순간 찾게 됐다. 술래에게 잡힌, 금 밟아서 죽은, 혹은 규칙을 지키지 않아서 죽은, 그 아이들이 적극적 관객이 되는 거다. 그래서 놀이가 플레이이지 않을까 했었다. 아이들이 자기 주도적으로 무엇인가를 했을 때 나오는 진정성, 진실됨이 있다. 허상의 세계를 쫓아가는 것이 아니라 실제 생활에서 나의 이야기로 치환시킬 수 있다는 느낌, 진짜 나의 내면에서 나와서 그것을 연기한다기보다 '해야 할 것을 하는' 느낌, 이들이 자기 문제를 이야기할 때 나오는 진정성, 주도성이다. 그들에게 주도권을 주는 순간, 그게 자기 이야기가 되고 자기 일상으로 돌아온다.

김숙희 저도 그렇게 생각한다.

고무신 그래서 플레이를 우리말로 번역할 때, 저는 놀이보다 재생이라는 단어를 훨씬 더 많이 쓴다. 카세트 플레이어의 플레이 버튼이 재생 버튼 아닌가. 그러니까 테이프가 멈춰져 있다가 재생 버튼을 누르는 순간 본모습이 나오듯이, 다시 산다는 것이 진짜 사는 것이지 않을까? 놀이 또한 아이들의 자기 신명, 하고 싶음, 혹은 그것과 연결되는 관계 맺기의 순간들이 저절로 드러나게 된다. 그래서 연극과 놀이, 놀이와 연극,

혹은 연극 놀이로 이어지는 이것이 형식적으로는 다를 수 있지만, 결국 그것을 바라보는 관점에서 얼마나 주도성을 주는가에 대한 부분인 것 같다. 상업적인 아동극은 아이들을 정신없게 만든다. 물론 몰입으로 가기 위해서 그 정신없는 상황이 필요하기는 하지만, 진짜 자기 속으로 들어가는 게 아니라 딴 세계에 툭 던져버리고 그다음은 나 몰라라 한다. 그런데 놀이에서는 적어도 몸을 쓰고 근육을 쓴다. 놀고 나면 근육에 저장되고 운동으로 꺼내진다는 뜻으로 저는 '운동 인출'이라는 용어를 쓴다. 놀 때는 이런저런 생각 없이 자기 몸의 감각이 바로 활용되고 근육을 움직여서 정말 급할 때 운동 에너지로 나오기까지 이어져야 놀이가 아이들에게 제대로 영향을 미친다고 본다.

김숙희 제가 초창기 때 같이 놀던 아이들과 요새 아이들은 굉장히 다르고 많이 변했다고 생각하는데, 선생님은 어떻게 생각하시는가? 그때는 아이들이 정말 아이다웠던 것 같다. 요새 아이들은 아는 것도 많고 자기 의견도 아주 정확하더라. 이게 좋은 건지 나쁜 건지는 잘 모르겠다.

고무신 피라미드에도 '요즘 애들 버릇없어'라는 낙서가 있다더라. 저는 표상과 심연으로 나누어 볼 필요가 있다고 생각한다. 심연은 아이들이 가지고 있는 기본적인 원초성, 원시성 같은 것이다. 그때나 지금이나 아이들이 가진 순박함과 다양성은 인정해야 할 것 같다. 그런데 어린이집, 유치원, 학교에서 집단 교육을 받기 전과 후는 다르다. 2002년에 고무신학교에서 만났던 아이들이 지금 국회 앞에 나가서 응원봉을 흔드는 세대다. 그때는 규격·제도·집단적인 움직임이 훨씬 덜했고, 하고 싶은 것을 말할 수 있고, 직접 해내기도 했다. 그런데 지금의 아이들은 다르다. 코로나19의 시간도 있었고, 자꾸만 어른들이 만들어놓은 성취 중심, 성과 중심의 세계관을 따라가려고 하다보니 그런 것 같다. 아이들이 자기 호흡대로 자라는 것이 아니라 급변하는 어른들의 환경에 노출되면서 눈치보기로 가고 있다. 아이들이 바뀐 게 아니라 어른들이 그렇게 만들어가고 있다고 생각한다.

김숙희 맞는 말씀이다.

고무신 제가 2010년부터 한국문화예술교육진흥원과 '우락부락'이라는 문화예술교육 캠프를 했는데, 그때는 아이들이 이것저것 하고 싶다며 자기 욕구를 말했다면, 지금은 주어진 것에 대해 적극적으로 수용하고 과제를 해결하려는 태도를 보인다. 안타까운 것은, 막상 해보려고 하면 막막해한다. '실뜨기'도 누군가가 가르쳐주고 누군가가 배우면서 규칙화되어버린다. 아이들에게 고무줄총을 만들어 과녁을 맞춰보라고 하면, 그게 안 된다. 손가락에 끼우고 당겼다가 놓는 게 굉장한 협응 과정이 필요한데, 자기 손에 빗맞거나 고무줄이 먼저 빠져나온다. 운동으로 인출되는 근육의 움직임 자체가 너무 많이 달라져 있다. 어린이의 본성은 그대로지만, 아이들이 만나는 관계에 따라서 이렇게 길러지고 있다는 생각이 들어서 안타깝다.

김숙희 저는 초창기에 100명쯤 되는 어머니 공연예술 평가단을 만들어서 공연을 보러 다녔는데, 그때의 어머니들은 아이들에게 뭘 많이 가르치지 않았고 아이들도 아는 게 많지 않았던 것 같다. 그런데 요즘은 아이들이 책도 많이 읽고 학원도 많이 다닌다. 아이답지 않게 엄마한테 뭐 배우고 싶으니까 학원 보내달라고 한다는 말에 굉장히 놀랐다. 아이들이 이렇게 불안해하고 경쟁적으로 변한 것은 어른들, 부모들의 잘못이다. 저는 요즘 아이들이 너무 영악하다고 느껴진다. 모르는 게 없다. 지식은 너무 많고 판단은 하지 못해서 문제가 될 수 있다는 생각이 든다.

저는 연극판에서 아동극 하는 사람이라며 대우를 안 해준다. 어린이문학도 그렇고 뭔가 마이너한 느낌이다. 이것을 극복해보려고 많이 애썼는데 인식의 변화가 필요한 일인 것 같다. 제가 유학한 프랑스에는 아동극이라는 말이 없다. 그냥 어른도 볼 수 있고 아이도 볼 수 있는 연극인데 권장 관람 연령이 있을 뿐이다. 그런데 우리나라에서는 아동극은 유치하다고 치부한다.

고무신 이 이야기는 결국 정치와도 떼려야 뗄 수 없다. 대한민국 민주주의가 사인곡선을 그리면서도 조금씩 올라가고 있듯이, 놀이나 아동극에 관한 인식도 나아질 것으로 믿는다. 저의 민속학 전공에서도 어른들의 놀이 연구와 달리 어린이 놀이는 변방에서도 또 변방이다. 그런데 문화를 존재하게 하는 근원이 그림과 글자 이전에 자연스럽게 놀이로 전승된다고 생각한다. 그 중요한 생존의 전승력을 조망하거나 조명하지 않았다. 외국에는 놀이학자가 엄청 많은데, 국내에는 유아교육에서조차 놀이를 발달 과정에서 양육을 위한 것으로 볼 뿐, 문화를 만들어내는 힘으로서의 놀이로 접근하지 않는다. 사실 벌써 100년 전에 방정환 선생님이 어린이라는 존재에 관해 이야기했다. 그러니까 예술가들이 끊임없이 그 틈을 만들고 헤쳐나가야 한다. 예술가가 세상을 바라보는 관점, 시선, 눈높이 같은 것이야말로 아이들이 가지고 있는 원초성과 닿아 있다고 본다. 거기에 더해 세상을 읽는 힘과 예술적으로 숙련된 전문가이기 때문에 아이들과 만나면 쿵짝이 잘 맞는다. 그런데 교육이라는 단어가 들어가는 순간, 잘하던 예술가들도 뭔가를 자꾸 가르쳐야 한다는 강박이 생기면서 무거워지는 모습을 많이 본다.

다가서고, 보여주고, 같이 놀고

고무신 저는 요즘 유아 문화예술교육 강사들을 만나면 '예술가로서의 당신을 보여주라'는 말을 자주 한다. 그리고 싶은 대로 그리라고 하는 건 예술가가 없어도 할 수 있다. 그런데 예술가가 아이들과 같은 도화지, 같은 색연필을 들고 같은 시간에 뭔가 하는 순간, 아이들은 나도 저렇게 하고 싶다는 욕망, 욕구가 살아날 것이다. 요즘 이런 교육적 다가섬이 부족한 것 같다. 연극 놀이 현장에서 아이들을 만나는 예술가들에게 해주고 싶은 말씀이 있으신가?

"아이들을 교육하지 않고 그냥 보여주는,
아이들이 사회적 이슈를 스스로
판단할 수 있는 작품을 써보라고 했다.
그 대신 철저하게
예술적이어야 한다고 강조한다."

-김숙희

"예술가가 세상을 바라보는
관점, 시선, 눈높이 같은 것이야말로
아이들이 가지고 있는
원초성과 닿아 있다고 본다."

-고무신

김숙희 연극이라는 장르가 참 애매하다. 예술 중에서도 음악 선생님, 미술 선생님은 혼자서도 가르칠 수 있는데, 연극은 혼자 하기 어렵고 조명, 음향, 무대 등 기본적으로 비용이 많이 든다. 그런데 작년에 지원사업 예산이 많이 깎였다고 한다. 사실 공연 만드는 사람들한테는 지금이 최악이다. 그러니 극단들이 옛날에 했던 거 우려먹고 새로운 걸 할 엄두가 안 나는 거다. 예술강사 지원사업도 자꾸 발전해야 하는데, 제가 보기에는 의미가 퇴색되고 있다. 예산이 넉넉해야지, 안 그러면 매너리즘에 빠져서 아이들이 다 돈으로 보이지 않겠는가. 그것이 정책이 해야 할 일인 것 같다.

고무신 그러다보니 많은 예술가가 공모사업에 골몰하고 정책 방향만 따라가게 된다. 저도 여러 재단에 모니터링을 가보면, 예전에는 아이들과 연극하던 단체가 요즘은 어른들 연극도 만들고 청년들 연극도 만드는 걸 보게 된다. 그런데 젊은 예술가가 60, 70대 어르신들의 생애담으로 서사를 만들려니, 물론 살아봐야 아는 건 아니지만, 공감이 잘 안 되더라. 정책 목표를 따르느라 예술가 자신이 하고 싶은 일을 적극적으로 하지 못한다는 느낌이 들었다.

김숙희 해결하기가 굉장히 어렵고 힘든 문제다. 저는 사실 학교에도 있었고, 연극으로 돈을 벌어야 한다는 생각이 별로 없었다. 그래도 노숙인, 죽음, 세월호, 한글 등 쉽지 않은 주제를 다루고, 배우든 무대든 뭐든지 최고로 최선을 다해서 공연을 만들었다. 그런데 한 편도 손해를 안 봤다. 그래서 후배 연극인들에게 투자라고 생각하고 '예술'을 해보라고 권하는데, 그러는 사람은 많지 않다. 예술적인 작업을 하고 싶어도 돈이 많이 드니까 결국 또 못 한다. 그런데 아주 가끔 해내는 후배도 있다. 아이들을 티켓 사는 소비자라고만 생각하는 마인드를 바꿀 계기가 필요한데, 그러려면 또 재정이 필요하다. 하지만 오래 지속되려면 정책적인 지원을 해야 한다. 그런데 그나마 있던 지원도 다 잘리니까 자꾸 악순환이다.
궁금한 것이 있다. 선생님은 아이들과 이런 놀이를 해야겠다고 미리 짜놓지 않으시나?

고무신 어떤 일이 벌어질지 모르기 때문에 바리바리 싸 간다. 하나를 꺼냈는데 여기에서 아이들이 몰입감을 가지고 잘 놀면 그걸로 끝까지 간다. 그런데 잘 놀지 못하는 아이가 있으면 그 아이에게는 또다른 놀이를 제안하기도 한다. 일방향이나 한 덩어리가 아니라 중심이 여러 개 있는 형식이다. 용인 어린이상상의숲 '아슬아슬놀이터'를 기획했었는데, 거기서 할 수 있는 놀거리가 열 군데 이상이다. 그런데 도구와 기구를 제안할 뿐 놀이 방식은 제안하지 않는다. 예를 들어 징검다리처럼 바윗돌 한 30개를 바닥에 깔아놓았는데, 어떤 아이는 깡충깡충 건너고 어떤 아이는 돌을 움직여서 모양을 만들기도 한다. 모든 것이 가능하다. 아이들이 세상을 만나는 접점은 만들어주지만, 그후에 만들어지는 아이들의 자발성이나 창조성에 대해서는 오히려 감탄으로 다가간다. 그래서 아이들이 저더러 '선생님'이라 안 하고 '고무신'이라고 부른다. 기본적인 놀이의 형식과 방식은 제가 가지고 있지만, 대부분은 노는 과정에서 아이들에게서 얻은 것이다. 아이들이 지금의 고무신을 만들었다. 아무래도 어른의 이성적 판단으로 정해놓은 것은 아이들의 불확실성 혹은 우연성이 만들어내는 것을 넘어서지 못한다. 게다가 나는 혼자고 아이들은 여럿이기 때문에 여럿이 만들어내는 힘이 더 세다.

김숙희 그런데 아이들이 나이든 사람을 싫어하지 않나? 어떤 음식점에서는 나이든 손님이 많으면 젊은 사람이 안 들어온다고 싫어하더라. 요새는 버스에서 노약자석을 양보하는 젊은이도 드물다.

고무신 어른은 어른대로 못 들어오게 하고, 노키즈존 만들어서 아이도 못 들어오게 하고. 이건 다 어른이 아이를 공경하지 않아서이지 않을까? 아이에게 존경과 공경을 받으려면 우리가 그들을 존경하고 공경해야 한다. 12·3 사태 이후 지금 2030 세대들이 달리 보인다는 이야기가 들려온다. 이제껏 아이돌 응원봉 사는 '덕질'을 비난했는데, 그들은 자기 방식대로 세상의 중심이 되어가고 있다. 어린이도 끊임없는 지지와 응원이 있을 때 탄탄하게 잘 자란다. 이런 상황이 혼재되고 흔들리면서 결국 자리를 잡아가지 않을까.

김숙희 25년 전쯤 일본 아이들과 한국 아이들 각각 15명 정도 모아서 놀이 캠프를 했는데, 아이들이 직접 밥도 하고 계곡에서 고기를 잡아서 구워 먹었다. 그 캠프가 한 4년쯤 계속됐는데, 이런 기회도 많이 생기면 좋겠다. 우리 아이들은 굉장히 액티브한 면이 보였고, 일본 아이들은 예의바르고 스스로 해내는 부분이 있었는데, 캠프를 통해 서로 달라지는 모습도 보았다. 이런 것이 지금 어른들이 만들어줘야 할 관계 설정이다. 그런데 이런 역할을 하는 분이 지금 우리 연극판에서는 거의 없다.

고무신 다른 분야도 마찬가지다. 아이들이 뭔가를 제힘으로 끝까지 해낸 경험이 없으니까. 문화예술교육 현장에서 아이들에게 그 시간을 줘야 한다. 그때 어른의 역할은 무엇이어야 할까? 훈육과 지도가 아니라 보여줌인 것 같다. 예술교육가는 아이들의 자기 주도성과 주체성을 막지 말고, 보고 듣기만 하라고 심각하게 조언한다. 아직까지도 문화예술교육에서 쓰고 있는 '참여 대상'이라는 단어는 아이들과의 관계 설정 속에서 내밀한 주고받음이 아니라 대상화·타자화하는 것이다. 적어도 문화예술교육에서는 예술가와 아이들이 함께 만들어내는 공동 창작자 개념으로 가야 예술가도 자라고 아이들도 성장할 것 같다.

예술의 한복판에서, 아이들에게 힘을 얻으며

김숙희 교육진흥원 20년이면 문화예술교육 정책도 좀 획기적으로 달라져야 할 것 같다. 어린이와 부모를 함께 교육할 방법을 찾고, 아이들과 함께하는 어른을 지속적으로 양성해야 하지 않을까? 그런데 어느 순간 프로그램 위주, 행사 위주로 가는 것 같아서 안타깝다.

고무신 저는 이것이 일종의 악순환인 것 같다. 2010년쯤, 주5일제가 전면 시행되면서 학교 안 가는 토요일이 되었고 문화예술교육이라는 이름으로 아이들을 맡았는데, 지금도 여전히 문화예술교육을 여가, 돌봄 관점으로 바라보는 경향이 크다. 좀더 나아간 점이라면 생애주기라는 말로 어린이부터 노년 세대까지 다 아우르려는 것이다. 그런데 조금 더 집중할 것은 예술가 혹은 예술단체다. 초기에 문화예술교육에 진입했던 예술가들이 어떤 성장 과정을 거쳐서 어떤 작업을 하고 있는지, 또다른 영역을 개척하고 있는지 종단연구를 해야 할 시점이 된 것 같다.

김숙희 교육진흥원을 비롯한 정책 입안자들에게 예술의 한복판에 한번 들어와보라고 권하고 싶다. 들어오면 뭐가 어떻게 돌아가는지 잘 알게 될 것이다. 그냥 머릿속에서 이론적으로 세우는 정책은 결국 똑같은 일을 반복하게 되지 않을까.

고무신 어쨌든 저나 선생님은 제도와 정책에 관계없이 오랫동안 아이들을 만났고, 저는 여전히 만나고 있다. 아이들을 만나는 어른들의 자세에 관해서도 한말씀 부탁드린다.

김숙희 아까 선생님도 말씀하셨지만, 아이들에게 힘을 받는 건 확실하다. 저는 이제 현장을 떠났지만, 후배들에게 그 힘으로 다른 걸 파생시켜보라는 얘기를 해주고 싶다. 연극판에서는 어른이 없다고 얘기하는데, 저는 정말 좋은 어른 역할을 하고 싶다. 청소년 연극 분야도 굉장히 열악하다. 오죽하면 제가 '김숙희예술상'을 만들었다. 크지는 않아도 상금도 있고, 받은 사람에게는 기회도 될 것이다. 사실 아동극 분야에 어른이 별로 없어서 연극판, 아동극 판에 좋은 어른이 되어야겠다는 각오로 하고 있다. 다 아이들한테서 받은 거지 내가 한 일이 아니었기 때문이다. 그렇게 해야 제 삶에도 보람이 있고 연극판에도 보람이 되지 않을까. 그러면 그 누군가가 또 나를 따라오지 않을까. 요새 아이들을 잘 안 만나니까 고무신 선생님이 놀이할 때 한번 가봐야겠다. 오늘도 너무 좋은 기회였다.

고무신 아이들로부터 힘을 받으셔야겠다. 선생님을 모셔서 한번 같이 놀면 좋겠다. 저도 더 듣고 싶은 이야기가 많다.

김숙희

1996년 어린이문화예술학교를 설립하면서 문화예술교육, 어린이연극 연출 및 아동극 제작을 이어오고 있다. 성균관대학교, 극동대학교 초빙교수와 겸하여 아시테지 ASSITEJ(국제아동청소년연극협회) 한국본부 이사장 등을 지냈다. 이해랑연극상 특별상, 대한민국문화예술 대통령 표창 등을 받았고 2024 아시테지 세계총회에서 전 생애를 걸쳐 어린이청소년극 분야에 기여한 연극인에게 수여하는 아시테지공로상을 수상했다.

고무신

고무신학교 대표이자 놀이번역가이며 아이들과 노는 것을 일로 하고 있는 놀이노동자. 자연에서 자연으로 자연스럽게 노는 아이들을 위한 조력자다. 아이들이 있는 곳이라면 어디서든 논다. 특별히 무엇을 하고 노는 것보다 현장 상황에 따라 그저 논다. 서울문화재단, 인천문화재단, 제주문화예술재단 등 전국의 유아 문화예술교육 지원사업, 꿈다락 문화예술학교 심사 및 멘토링을 진행하고 있다. 유아부터 아동청소년을 위한 문화예술교육 전문인력 양성에 작은 힘을 보태고 있다. 저서로는 『놀다 보면』『자연에서 노는 아이』(공저) 등이 있다.

다가서고 보여주고 깨우치는

다양한 주체의 목소리를 연결하며

> 서로 돕고 함께 나아가는
> 문화예술교육

김율리아

박진희

#협력
#관계
#연결
#네트워크

> 문화예술교육은 사람과 사람 사이에서 이루어지는 활동인 만큼 협력과 관계 맺기는 필수적인 요소다. 문화예술교육 현장에서 예술가 간의 네트워크 형성, 지역 내에서의 관계 형성은 어떻게 이루어지고 있을까? 서로 다른 지역에서 예술가 기반, 지역 기반으로 협력에 관해 여러 고민을 하며 활동해온 두 분과 함께 문화예술교육이 협력하고 나아갈 방향에 관해 이야기 나누었다.

네트워크의 첫걸음

김율리아 서울에서 태어나서 평생 살다가 성남으로 이사온 지 8, 9년 정도 됐다. 성남에서 학교 예술강사를 하던 중에 2년 동안 성남문화재단 성남문화예술교육센터 전임예술교육가PTA로 활동하게 되었다. 그때 설정한 제일 큰 목표와 어젠다가 네트워크 활동이었다. 정책적 흐름이나 환경의 변화를 돌파해나갈 수 있는 대안을 고민했을 때, 네트워크 활동의 필요를 절감했다. 초기에는 굉장히 어려웠다. 성남에 기반이 있었던 게 아니다보니 모든 것이 낯선 환경에서 처음 보는 선생님들을 계속 만나서 네트워크의 필요성에 관해 설명하고 설득하는 작업이 지난했다. 2021년부터 '스탠드(STAN:D, 성남예술교육가네트워크)'를 본격적으로 꾸리기 시작해서 햇수로 한 4년 차가 됐는데, 그래도 꽤 많이 온 것 같다. 2022년 스탠드를 공식 창립할 당시 창립 멤버는 20명이 좀 안 됐는데, 현재는 훨씬 늘었다.

박진희 많은 예술가가 모여 있는 네트워크라니 놀랍다. 다른 지역에도 그런 욕구가 없지 않을 텐데, 좋은 첫걸음을 떼주신 것 같다. 저는 2013년에 전주에서 제주도로 이주했다. 지역의 생태계를 잘 모르다보니 수면 위로 올라오는 게 쉽지 않았다. 지역 생태계를 알아가기 위해 공부와 선행 작업이 필요했다. 차근차근 지역에서의 관계도 만들어지고 해왔던 일과 연결된 컨설팅 의뢰가 들어와서 활동을 재개하게 됐다. 마을의 인연은 아이들이 다녔던 초등학교 바로 앞에 있는 마을 공간을 연결해주었고, 처음에는 개인 작업실로 시작했다. 그런데 이 공간이 마을 제사를 지내던 포제酺祭 터였고, 마을 체험관이 있던 자리다. 마을의 이야기가 담긴 공간의 서사와 장소성을 연결하다보니 자연스럽게 공유 공간으로 열고 '상상창고 숨'(이하 숨)으로 자리하게 되었다. 공간에 마을 사람들의 걸음이 하나둘 늘어나면서 아이와 엄마 그리고 할머님 들까지 북적이는 사랑방이 되었고, 문화예술교육 활동을 다시 시작하는 동력이 되었다.

다년간 활동이 진행되면서 현장의 고민을 함께 나누고 서로 지지하는 관계를 확장해가고 싶었다. 1년에 한두 번이지만 제주에서 교육하는 예술가들의 네트워크가 만들어지고 현장의 고민을 나누고 공감하는 시간이 이어졌다. 예술가 네트워크를 지속해가기는 녹록지 않은 것 같다. 다른 지역을 보면 대체로 문화재단 문화예술교육지원센터에서 네트워크를 위한 다양한 프로그램이 진행된다. 애쓰는 만큼 성과가 있는지는 잘 모르겠다. 기관이 아닌 현장에서 자발적으로 예술가 네트워크가 움직이고 있는 것이 놀랍다. 기관과의 파트너십은 어떠한지 궁금하다.

김율리아 당시는 제가 재단에서 전임예술교육가로 일할 때여서 완전히 독립적으로 출발했다고 말하기는 어렵다. 재단이 네트워크 구축 단계를 지원해준 셈이다. 재단에서는 사업 운영을 위한 인력풀이 절실했고, 콘텐츠에 힘을 실어줄 협력 파트너가 필요했다. 다른 한편으로는 문화예술교육이 정책적인 언어로부터 출발하다보니 톱다운 방식으로 사업이 진행되면서 양적으로 팽창했지만, 현장의 주체들은 제한적인 역할을 해오다보니 그 속에서 상처 입은 영혼이 많았다. 외롭고 힘든데 말할 곳은 없고, 말을 해도 영향력이 없다보니 연대에 대한 목마름이 분명 있었다. 정책 환경의 변화와 행정의 니즈, 예술가의 니즈가 한데 모여서 가능했던 것 같다.

박진희 제주는 육지에서 이주한 예술가가 많다. 서로 정보를 공유하거나 이방인이라는 경계를 넘나들고자 하는 바람으로 자연스럽게 소통의 장이 되었다. 때론 제주에서 기반을 잡고 오랫동안 활동한 예술가들이 봤을 때는 '그들만의 리그'라는 선입견도 생기는 해프닝도 있었다. 서로 오해를 줄이고 현장에서 고민하는 목소리를 주고받을 필요가 있겠다고 생각했다. 기관에서도 네트워크 자리를 종종 마련하지만, 그 자리에서는 하지 못하는 이야기가 있다. 자주는 아니어도 숨에서의 대화의 장은 서로를 응원하고 지지하는 연결고리가 되어주는 것 같았다.

김율리아 저 역시 관이 주도하는 네트워크 모임에도 몇 번 참여한 적이 있는데, 한계가 분명했다. 관에서 주도한다는 것은 예산이 들어간다는 뜻이다. 예산으로 운영되는 네트워크는 예산이 끊기면 굉장한 위기를 맞이할 수밖에 없다. 저는 처음부터 네트워크가 구축된다면 독립적으로 가야 한다고 생각했는데, 제가 재단과 계약된 상태에서 네트워크를 주도하다 보니 저를 재단의 대변인처럼 생각하거나 사적인 욕심 때문에 추진한다는 오해도 일부 있었던 것 같다.

박진희 스탠드는 재단과 좋은 파트너십을 유지하면서 네트워크가 지속되고 있는 것 같다. 숨은 조직적이기보다는 개별적으로 이야기 나누는 장이 연결되면서 라운드테이블로 만들어졌다. 네 번 정도 진행하면서 닫혀 있던 스피커가 열리는 시간이 되는 경험을 했다. 기관에서 만든 자리가 아니다보니 자신들의 고민이 깊고 밀도 있게 서로에게 가닿지 않았나 싶다.

김율리아 우리도 네트워크 경험이 많지 않다보니 네트워크의 정체성에 관한 혼돈의 시기가 있었다. 그래서 초반에는 관성적으로 현장에 대한 불만을 쏟아내는 것부터 시작되더라. 지금 생각해보면 필요한 과정이었다. 이런 상황에서 어떻게 대안을 모색해야 하는지에 대한 탐구로 자연스럽게 연결됐다.

주체적으로
나아가기 위한 힘

박진희 스탠드 안에서는 협력관계 혹은 개별적 주체들의 고민이 어떤 식으로 교차하고 접점이 만들어지는지 궁금하다.

김율리아 사람들은 다양한 욕구를 가지고 모인다. 자신이 받았던 상처와 부당함에 공감해줄 동료가 필요하거나, 문화예술교육 분야에 입문해 현장에서 자리잡고 싶어서 오기도 하고, 아이디어를 얻을 수 있는 역량 강화 창구가 필요하거나 협력할 파트너가 필요해서 오는 분도 있다.

박진희 사람과 사람을 연결하는 플랫폼 기능을 하고 있다는 생각이 든다.

김율리아 맞다. 서로 다른 욕구를 가지고 모이니까 네트워크의 정체성이 무엇이냐는 질문이 자연스럽게 생긴다. 1년 반 정도 지나고 아카이브 책자를 만들면서 정리한 적이 있는데, 그때 정체성을 결코 하나로 모을 수 없겠다고 생각했었다. 서로 니즈가 다르고 다른 상을 그리고 있는데 억지로 하나로 모으려고 했던 게 말도 안 된다는 거다. 스탠드의 네트워크는 사람이 계속 드나들면서 변화하고 정체성도 다져나가는 과정중이다. 다만, 중심을 잡아주는 명확한 철학이나 목적성을 공유해야 하고, 공익적이어야 지속할 수 있다는 것은 분명했다. 그래서 '성남문화예술교육가 네트워크는 지역의 건강한 문화예술교육 생태계를 위해서 연구하고 고민하고 실천하는 연대다'라는 포괄적인 슬로건을 간판에 걸고 시작했다.

박진희 저는 지역에서 흔히 말하는 느슨한 연대, 서로의 대나무숲이 되고 서로의 조력자가 되어 밀고 당겨주는 역할을 하다보니, 애써 하나의 목표를 가지고 연대하는 개념으로 조직화하려고 하지는 않았던 것 같다. 예술가는 개성이 강하고 주체가 다양하다보니 개인의 깃발들이 모이는 건 가능하지만 하나의 깃발 아래 모이는 건 힘들더라. 반면 뚜렷한 정체성과 철학을 두고 모이는 스탠드는 상황이 다르지 않을까 생각된다. 물론 지역 생태계 안에서 예술이 어떻게 작동할 수 있을지, 예술교육 활동을 하는 예술가들이 어떤 철학을 가지고 어떻게 접점을 만들어갈지 고민한다는 본질은 같을 거다. 다만 접촉하는 방식은 다른 것 같고, 그 와중에 갈등도 있을 것 같다.

김율리아 우리는 변화의 주체성을 갖고 싶어하는 사람들이다. 네트워크를 준비하는 과정에서 어떤 목적을 가지고 만나야 효용성이 있을지를 생각했다. 문화예술교육 현장이 전환의 시점에 있고, 지역 이양에 대한 이슈도 급물살을 타면서 본격화하고 있는 상황을 현장에서 체감하고 있다. 이런 상황에서 이제까지의 역할에 대한 고민이나 위기감이 당연히 들 수밖에는 없다. 저도 10여 년을 현장에 있었는데, 그동안 현장이 한 번이라도 불안하지 않고 안정적으로 굴러가던 때가 있었는지를 떠올려보면, 그렇지 않다. 그러다보니 스스로 현장을 지키는 주체가 되어야 한다는 의지가 생겼던 것 같다. 스스로 변화를 모색하고 실천해나갈 수 있는 연대를 지향한다는 점이 스탠드의 가장 큰 특징이자 차별점이다. 고민을 실천으로 연결하기 위해 스탠드에서는 정책연구팀을 운영한다. 정책을 모른 채 현장의 주체가 되어 변화를 이끌어나갈 수 없다는 문제의식이 있다. 정책연구나 비평, 대안을 제시하는 방법에는 미숙하지만, 현장의 눈높이에서 공부하고 있다.

박진희 지금 하시는 활동이 문화예술교육지원센터의 사업들과 맞닿아 있기도 하다. 저도 현장에 있는 예술가들이 정책에 대한 이해나 고민이 없다면 본질을 꿰뚫기가 쉽지 않겠다고 생각한다.

문화예술교육에 삶, 일상이라는 키워드가 깊이 들어오면서 정책적으로 문화예술교육이 일상에 다가설 수 있고 쓸모가 있다는 공감대가 열렸고, 예술가들이 네트워크를 통해서 서로 힘을 주고받으며 변화의 흐름을 따라가기보다는 주도적으로 끌고 가고자 하는 노력이 보였다. 그런데 몇 년 전부터 문화예술교육 분야에서 예술가들이 이탈하는 것을 발견하게 된다. 정책이 만들어놓은 개념어 때문에 경직되고 매몰되는 건 아닌지 생각하게 되더라. 나의 현장에서 나의 언어들이 계속 만들어지고 그 철학적 언어들이 계속 현장과 부딪쳐야 지역의 언어들이 만들어질 수 있다고 생각한다.

김율리아 정책의 언어에 갇혀 있게 된다는 말씀이 너무 공감된다. 어젠다가 위에서 떨어지고 유행하는 테마가 생기고 예산이 몰리다보면 당연히 그쪽으로 갈 수밖에 없다. 현장의 주체로서 스스로 변화를 만들어야 한다는 측면에서, 주어진 환경과 틀과 언어와 맥락에서 벗어나려고 시도해야 한다는 것을 절감한다. 정책에 따라 현장에 해당 예산을 만들어주는 것이 전혀 안전하지 않다는 생각이 든다. 결국 내가 하고자 하는 예술교육 현장을 창조적으로 개척해야 한다는 생각도 든다. 지난주에 스탠드가 공동 기획한 성남문화예술교육주간 라운드테이블에서 다루었던 사례를 말씀드리고 싶다. 노인 문화예술교육 사업(명진희 PTA)을 과거에는 관내 복지관에서 운영했었는데, 복지관에 나올 수 없는 사각지대에 있는 분들에 대한 문제의식이 있었고, 이를 해소하기 위해 직접 요양원으로 찾아가는 문화예술교육을 설계했다는 점이 인상적이었다. 그런 고민과 도전이 영감이 되어준다. 틀을 깨는 시도가 매우 필요한 것 같다.

박진희 저는 제주에서 10년 동안 어르신을 만나왔다. 그분들을 대상으로 문화예술교육을 하려던 건 아니었는데, 마을 초입에 숨이 자리하기도 했고 마을에서는 무엇을 하는지 궁금해하면서 일상의 공간이 되어갔다. 매주 화요일에 빼꼼히 문 열고 들어오는 어르신들과 그림도 그리고 한글도 배우면서 제주 음식도 배우고 농사 이야기, 4·3 이야기도 술술 풀어내어주셨다. 덕분에 제주 생활사를 자연스럽게 알아가게 되고 궁금한 것을 여쭤보기도 하면서 쌍방향 학습을 하고 있었던 것 같다. 예를 들어 제주에서 자주 먹는 빙떡은 어떻게 먹게 됐는지 물으면 제주의 역사와 문화와 생활사까지 알게 되고, 제주의 정서를 알게 된다. 아이들과 엄마들은 할머니들에

"현장의 주체로서
스스로 변화를 만들어야 한다는 측면에서,
주어진 환경과 틀과 언어와 맥락에서 벗어나려고
시도해야 한다는 것을 절감한다."

-김율리아

"나의 현장에서 나의 언어들이
계속 만들어지고 그 철학적 언어들이 계속
현장과 부딪쳐야 지역의 언어들이
만들어질 수 있다고 생각한다."

-박진희

게 빙떡 이야기를 들으며 함께 빙떡을 만들고 노래도 만들어 함께 부르며 마을의 서사를 알게 된다. 숨에서 일상에서 관계를 통해 발현되는 서로의 에너지를 교감하면서 내가 살고 있는 마을의 터무늬를 알아가고 자연스럽게 공동체 마당이 만들어졌다.

이런 과정은 문화예술교육 지원사업에 선정되었으니 뭔가 해야겠다고 해서 시작된 것은 아니었다. 지역에 대한 고민을 통해서 콘텐츠를 개발하고 프로그램을 만드는 상황도 물론 있지만, '일상에 더 가까이'라는 지점으로 보면 예술교육이 삶에 어떻게 작용하는지 경험과 이어지는 고민이 필요했다. 예술가는 이런 접촉을 통해서 창의적 발상이 일어나고 일상에서 관계와 연결에 대한 끊임없는 질문이 시너지를 만들어 간다고 생각한다. 오히려 사업화하고 구조화하면서 자율성이 배제되면 현장을 이탈하게 되는 것 같아 구조에 대한 답답함이 마음 아팠다. 협업이 쉽지는 않지만, 누군가를 만난다는 것에 대한 설렘이 있잖나. 그래서 문화예술교육을 놓지 못하는 것이기도 하다. 예술가들이 문화예술교육 현장을 떠나는 것을 막기 위해 스탠드가 현장에 어떻게 협력하고 있는지 궁금하다. 저의 사례와 다를 것 같다.

생태계를 만드는
협력과 연대

김율리아 문화예술교육이 제도화된 구조 안에서 더이상 갈 곳이 없다고 느껴졌을 때 놓아버리는 사람들이 있다. 그 생태계를 리셋하는 차원으로 문화예술교육이 뭔지 우리만의 정의를 내리고 실천해나가고자 하는 시도가 스탠드라고 생각한다. 문화예술교육의 본질은 예술의 언어로 사람을 만나고 그 과정에서 사람과 사람을 연결하는 것이라고 볼 때, 그런 중심을 가지고 가고 있는 게 아닐까.

저희가 매달 한 번씩 재미있게, 유익하게 만나자는 생각에 작년부터 '역량 나눔'이라는 프로젝트를 한다. 스탠드의 일원이 호스트가 되어 그달 모임을 기획하는 거다. 내용은 수업에 대한 나눔일 수도 있고 스터디일 수도 있다. 그 프로젝트를 진행하면서 서로 많이 배우고 있고, 경쟁보다는 '함께 성장'이라는 가치관이 자리잡았다. 지금은 서로 지지하고 응원하는 연대감이 많이 생겼다.

박진희 서로 지지하고 응원한다는 게 중요한 것 같다. 저는 지난해 응원하고 싶었던 활동가들을 초대해 '마음의 소리' 워크숍을 진행하면서 울림이 컸다. 문화예술교육의 특성상 항상 누군가를 만나야 하고 그들을 위해 모든 에너지를 쏟게 된다. 탈진 상태의 활동가들을 위해 다시 충전하는 시간을 서로 나눠보고 싶었다. 우리가 하나의 점이라면, 이 점이 이어지고 이어진 선이 중력으로 작용하면서, 네트워크라는 서로의 지지대를 만들어가는 힘이 될 수 있을 것 같다. 스탠드의 활동이 점들을 연결하는 과정이라면, 저는 점들을 발견하는 작업을 하는 것 같다. 스탠드는 지역에서 플랫폼의 역할은 어떻게 해야 할지에 대한 사례인데, 문화예술교육지원센터의 역할과 충돌할 수도 있지만 세심하게 다가갈 수 없는 지점을 현장에서 채워갈 수도 있겠다. 어떤 식으로 균형을 맞춰야 할지 고민은 생기는 것 같다.

김율리아 네트워크에 메소드가 있는 건 아니니까 당연히 정답은 없다. 저는 선생님의 사례가 훨씬 더 자연스럽다는 생각은 든다. 스탠드 초기 단계에서 사람들을 만나고 설득할 때, 결과가 불투명한 상황임에도 함께해준 고마운 분들이 있다. 연대가 필요하고 힘을 받을 거라고 믿어준 분들 덕분에 여기까지 온 거다. 그래서 더더욱 흐지부지하고 싶지 않았다. 기회가 늘 주어지는 것도 아니니, 동력을 받았을 때 할 수 있을 때, 최대한 해보자는 마음으로 시간과 노력을 많이 투자했다. 그러나 누군가에게 이게 정답이라고 말할 수는 없다. 자연스러운 것이 좋지만 바짝 힘을 내야 하는 시점도 있는 것 같다.

박진희 스탠드의 동력이 만들어지는 게 애정 같은 거다. 선생님의 애정을 봤기 때문에 그분들도 애정을 가지고 오셨을 거라는 생각이 든다. 애정을 가지고 충분히 교감하는 과정은 정말 중요하지만, 문화예술교육 현장을 바라볼 때면 너무 애쓴다는 생각도 든다. 제가 요즘 농담처럼 진심을 담아서 "너무 애쓰지 마"라는 이야기를 한다. 자신을 힘들게 하고 지치게 하면 결국은 자유롭게 상상했던 것들이 딱딱해진다. 너무 애쓰다보면 예술을 통해서 일상에 틈을 열고자 했던 초심이 사라지고 어느 순간 스스로 틈을 막고 있는 게 아닌지 생각하게 된다. 선생님의 애정과 그 애정을 바라봤던 동료들의 애정이 스탠드를 만들어가고 있는 것은 확실하지만, 그래도 한 번씩 호흡하는 시간을 가지면 좋겠다.

김율리아 3년 차부터는 그 정도까지 달리지는 않고 흐름에 몸을 싣고 가는 느낌이다. 지금은 신뢰 관계가 생겨서 느슨해져도 그렇게 불안하지는 않다. 네트워크에는 단단하게 결속하는 분도 있고 느슨하게 연대하는 분도 있다. 모두가 똑같이 애를 쓰며 갈 수는 없다. 총대를 메고 힘을 쓰는 누군가는 항상 있으니, 그 역할을 나누거나 순환하게 만들자고, 행여나 모두가 지쳐서 아무도 그 총대를 멜 수 없는 상황이 오면 잠깐 멈췄다 가자고 스탠드 운영위원들과 얘기한 적이 있다. 그게 좋은 것 같다. 덜 지치고, 부담도 없고, 멈춰도 되고.

박진희 어느 순간 스탠드가 잠시 멈출 수는 있지만 성남 지역 안에서의 예술가 네트워크는 멈추지 않을 거다. 그러니 너무 불안해하거나 초조해할 필요는 없을 거다. 스탠드에서 만든 큰 우산 아래 많은 네트워크가 동력을 얻어서 진행되고 있는 것이 부럽기도 하면서, 우리의 느슨한 연대도 계속 응원해야겠다는 생각도 하게 된다.

예술의 사회적 역할에 대한 고민과 협업 과정에서 역지사지의 시선을 갖게 되는 것 같다. 힘들거나 비바람 몰아치면 우산을 내어주는 동료들이 주변에 있는 것에 감사했다. 제가 있는 현장은 네트워크와 플랫폼의 역할이 구조화되거나 안정적이진 않다. 다른 지역은 어떨지 모르겠지만 다행히 제주는 제주문화예술재단, 제주문화예술교육지원센터에서 역할을 하고 가감 없이 소통창구가 열려 있어서 유연하게 현장을 넘나들 수 있는 것 같다.

더 넓은 연결을 위하여

김율리아 네트워크를 구축하는 과정에서 먼저 경험한 분들에게 배운 것이 있다. 예술교육가의 네트워크만으로도 의미 있지만, 네트워크가 고립되지 않도록 지역 내에서 스탠드를 지지할 수 있는 세력과 연결고리를 많이 만들고 확장하라는 얘기를 해주셨다. 처음에는 너무 막연했는데 고민해봐야 할 문제인 것 같다. 더 많은 연결고리를 만들지, 내실을 갖추어야 할지, 혹은 우리만의 정책적인 언어를 정리해서 선언하거나 제안하는 방식이 될지, 여러 고민 중 하나다.

박진희 질문에 답이 있다고 생각한다. 스탠드가 우산을 펴는 이유는 다양한 주체의 목소리를 주고받기 위해서가 아닌가. 이 목소리를 모아서 어떻게 전달하고 연결해야 할지 고민하고, 더 밀도 있게 만들기 위해 역량 나눔, 정책연구 등을 진행하고 있는 거라고 본다. 계속 접촉할 수 있는 거점이 있다는 게 부러웠다. 더 많은 점이 모일 수 있도록 거점을 편안하고 자유롭게 만들어가면 자연스럽게 연결되고 모이지 않을까? 저도 오늘 이후 우리 지역 예술가들과 이런 얘기를 나눌 것 같다. 좋은 사례를 공유해주셔서 감사하다.

김율리아 말씀해주신 제주에서의 경험이 정말 매력적이었다. 선생님께서 구심점 역할을 하고 계시니 그런 일들이 가능한 거잖나. 어디에나 그런 분이 있는 것은 아니다.

박진희 저의 역할이기보다는 동료들의 힘인 것 같다. 서로의 생각이 오가며 만들어내는 시너지가 현장을 지키는 큰 힘이 된다. 이런 에너지가 멈추지 않게 기관에서 세심한 지원을 해주면 좋겠다는 욕심이 있다. 스탠드가 네트워크로서 자생적으로 지속할 방안을 고민하고 계시니, 파트너십이 이루어지면 좋겠다. 기관과 스탠드의 고민이 예술교육지원센터에 맞닿아서 센터가 현장의 고민을 안고 해소할 수 있는 정책적인 기틀을 마련하고 현장으로 순환돼서 확장할 수 있는 과정도 마련해가면 좋겠다.

김율리아 저희는 물론 현장의 문제에도 목소리를 내고 다룰 테지만, 그게 유일한 목적이 되지는 않을 거라고 생각한다.

민원인으로 존재하기보다는 대안을 제시하고 함께 풀어나가는 협력적인 파트너십이 바람직하다고 생각한다. 이 같은 관계 구도는 기관 입장에서도 필요하다고 생각한다. 스탠드는 기관과 정례적인 미팅을 진행하며 각자의 현황과 고민 지점을 나누고 조언을 주고받는다. 기관은 지역에서 네트워크를 하고자 하는 니즈와 움직임이 있다면 전폭적으로 지원해줘야 한다고 생각한다. 공공이 지원은 충분히 하되 간섭하지 않는다는 원칙을 잘 지켜서 간다면 상생하는 구조로 성장할 수 있지 않을까.

박진희 요즘 플랫폼에 대한 고민을 많이 한다. 현장의 니즈가 모여서 사람과 사람을 연결하는 플랫폼의 자발적 움직임도 만들어지면 좋겠다. 그러기 위해서 중요한 게 신뢰를 바탕으로 한 관계인 것 같다. 재단과도 신뢰가 차근차근 쌓여서 관계가 만들어지면 좋겠다.

김율리아 많은 지역에서 스탠드 같은 네트워크가 어떻게 가능한지 궁금해하는데, 저는 사람과 사람이 모이기 위해서는 진심이 제일 중요하다고 생각한다. 진심이 모여서 오해나 경계심이 자연스럽게 걷히고 장벽을 세우지 않는 것이다. 예술교육에서 늘 포용적인 가치에 대해서 말하잖나. 그런 마인드를 장착하고 있다면 어디서든 가능하지 않을까.

박진희 연필과 지우개는 서로 너무 필요한 존재들인데, 한몸으로 만나기까지 100년이 걸렸다고 한다. 우리는 100년의 세월을 헤매지 않았으면 좋겠다.

박진희

상상창고 숨 대표. 2013년부터 제주 해안마을에서 '삶 닮다 예술, 예술 닮다 삶'이라는 슬로건을 가지고 지역 주민들과 함께 예술을 통해 사람과 사람, 사람과 시간, 사람과 공간을 잇는 예술 프로그램을 이어나가고 있다.

김율리아

성남예술교육가네트워크 스탠드STAN:D 사무국장. 움직임 기반 문화예술교육가, 기획자, 연구자, 네트워커로서 다양한 정체성을 가지고 있다. 예술경영을 공부했고, 후배 문화예술교육가를 조력하는 일에도 관심이 많다. 문화예술단체 아르틴ARTIN의 대표로 삶과 예술을 매개하는 활동을 하고 있다.

동료 시민으로서, 포용과 존중

문화예술교육이 존재를
드러내고 연결하는 방법

박지선　　고영직

#문화다양성
#다문화
#공존
#장애

우리는 다양한 문화와 정체성이 공존하는 시대를 살아가고 있다. 그 안에는 비가시화된 존재도 있고, 개별성이나 고유성은 무시되고 하나로 뭉뚱그려 호명되기도 한다. 특히 고립과 소외가 심화하는 사회에서 어떻게 포용하고 존중하며 연결할 것인지, 그리고 생태계의 한 존재로서 공존할 것인지를 깊이 생각하는 모멘텀을 지나왔다. 동료 시민으로서 포용과 존중에 관한 문화예술교육의 관점은 어떠해야 할지 예술비평과 예술창작 현장에서 활동해온 두 사람이 이야기를 나누었다.

고영직 문화다양성, 포용, 장애는 하나하나가 큰 얘기인데, 문화예술교육 현장에서 어떻게 '나'의 문제로 대면하고 직시할까, 이게 중요한 포인트라고 생각한다. 주어진 키워드에서 어떻게 자신과의 연결점을 찾으려 했는지 궁금하다.

박지선 사실 동료 시민부터 좀 막혔다. 포용과 존중이라고 하는 게 너무 큰 의미이기도 하고 문화다양성 안에 인권, 장애, 젠더, 기후, 이 모든 문제가 다 담겨 있다. 선생님이 쓰신 글에서 제가 요즘 하는 고민의 열쇳말로 오는 것이 있었다. 특히

'동네 지식인'이라는 말이 인상적이었다. 저는 사실 물리적 동네라는 개념이 별로 없다. 그러다보니 공간이나 장소를 기반으로 하지 않는 공동체에 대한 한계를 느끼지만, 동료로서 함께할 수 있는 공동체를 일시적이라도 계속 만들고 확장해 나갈 방법을 고민한다. 얼마 전『도넛 경제학』*을 읽었는데, 합리적 경제인인 호모 이코노미쿠스로 표상되고 있는 현재의 인간상을 보며, 예술은 어떤 인간 표상을 보여줘야 할지에 대해 질문하게 되었다.

절묘한 거리감, 느슨한 연대

고영직 우리는 누군가와 연결되고 싶어하는 사회적 지향도 있는 반면에 또 연결되고 싶지 않은 지향도 있다. 칸트는 그것을 '비사교적 사교성'이라는 말로 개념화하기도 했다. 지금 문화예술교육에서 공동체성이나 커뮤니티를 강조할 때 중요한 화두 중 하나인데, 최근 일본에서는 더 참신하게 '절묘한

---

* 케이트 레이워스,『도넛 경제학』, 홍기빈 옮김, 학고재, 2018.

거리감'이라고 표현하더라. 누군가와 연결되고 싶은데 더는 연결되거나 깊어지고 싶지 않은 마음 상태를 '절묘한 연결감'이라고 표현하는데, 어쩌면 그런 게 중요할 것 같다.

제가 생각하는 동네도 물리적 공간만을 염두에 둔 건 아니다. '동네 지식인'이라는 말은 자신의 삶터나 일터의 문제를 주체적이고 적극적으로 풀어나가는 이들의 통칭으로, 예술가일 수도 문화기획자일 수도 있다. 근대의 저주는 자기가 태어나서 살던 장소에서 뿌리내리고 살지 못하는, 뿌리가 뽑힌 '디스임베딩disembedding' 사회다. 사실 전근대 개념이라면 동네는 숨막힐 정도로 답답한 곳이다. 남의 집 숟가락이 몇 개란 걸 아는 게 얼마나 피곤한 일인가. 젊은 세대에게 그런 동네를 요구하는 건 억압으로 작용할 수밖에 없다. 일터 역시 자본주의 논리가 견고하게 관철되기 때문에 일탈해서 뭔가 새로운 일을 도모하는 건 쉽지 않다. 하지만 삶터는 우리의 일상을 영위하는 곳이고, 그 일상의 공간은 우리의 작은 민주주의가 작동하는 곳이라는 의미에서 동네를 적극적으로 사유하자는 제안이었다. 제가 참 좋아하는 인류학자 데이비드 그레이버의 "우리 시대의 진정한 지식인은 높은 이론가가 아니라 낮은 이론가여야 한다"라는 말에서 힌트를 얻었다. 높은 권력자의 시선이 아니라 '낮은 이론가'라는 차원이 인상적이었고 그걸 번역하다보니 '동네 지식인'이란 말이 만들어졌다. 철학자 알랭 바디우도 "여기 살면 여기 사람"이라는 말을 했는데, 그걸 내가 사는 동네로 확장해보고 지금의 동네를 새롭게 보자는 제안이었다.

박지선 우리나라는 특히 학연·지연·혈연 등 수많은 연緣에 의해 강박적이고 억압적으로 묶여 있다보니 절묘한 거리감이 더욱 필요하다. 요즘 흔히 말하는 '느슨한 연대'와도 닿는다. 저는 약 10년 단위로 제 나름의 삶과 일에 대한 실험을 계속해오고 있는데, 2014년부터 한 10년은 이 느슨한 연대에 대한 실험이었다. 이전까지는 제가 하는 축제 일이 너무 중요했다. 예술의 가치를 최상으로 생각하며 하나의 비전과 목표를 가지고 다 함께 뭔가를 성취해내는 게 좋았다. 시간이 지나면서, 공공기관 중심으로 생태계가 돌아가고 성취와 평가가 왜곡되는 것을 보면서 여러 질문이 들었다. 모두 다 같이 일했는데 누군가는 왜 이것을 혼자의 성취라 믿고 한 명의 성취로 사회에 드러낼까, 왜 함께했던 모든 사람은 다 삭제되는 걸까. 우리의 일과 맞지 않는다고 생각이 들면서 일의 방식을 전환하게 되었다. 실마리는 수평적으로 일하기, 독립적으로 일하기, 창의적으로 일하기, 이 세 가지였다. 각자의 길을 나란히 걸어가려면 창의성이 필요했고, 누구 한 사람의 책임이 아니라 동등하고 수평적인 콜렉티브 형식을 동료들에게 제안했다. 거대한 시스템 안에 쏠려가지 않기 위해서는 한 사람 한 사람이 독립적인 시스템으로 존재하면서 연결되는 유연하고 유동적인 관계를 생각했다. 그런데 10년이 되니 또다른 질문이 들었다. 이 느슨한 연대는 어떻게 힘을 받을 수 있을까? 미션이나 지향점이 강력하면 연대가 더 강해질까? 그런데 우리가 항상 하나의 강력한 어젠다로 모이기는 쉽지 않잖나. 저는 이 느슨한 연대, 절묘한 거리감을 유지하면서도 계속 힘을 받을 수 있는 게 '공동체'라는 생각이 들었다. 일시적으로 모였다가 사라지기도 하면서 계속 어딘가에 존재하는 방식으로 가는 것, 어떻게 해야 이것이 가능할까. 이게 제 향후 10년의 숙제다.

고영직 와, 10년 전부터 그런 고민을 하고 실천해오셨다니. 저는 16년 전인 2008년 말에 직장을 그만뒀다. 돌아가신 『녹색평론』의 김종철 선생도 "이기적인 사람이 글을 쓴다"라는 얘기를 하셨는데, 아무래도 책을 보고 공부하고 글쓰는 시간을 확보해야 하니 타인과의 만남보다 내 일이 더 중요했다. 선생님은 기획자여서 수평적인 활동의 중요성을 더 크게 자각하셨던 것 같고, 저는 콜렉티브라는 게 중요했던 것 같다. 10년 전만 하더라도 일반적인 형태는 아니었지만 어떤 프로젝트로 모였다 흩어지는 방식은 상당히 괜찮은 것 같다.

지금 우리 사회가 개인에 대해 조명하지 않는다는 말에 공감한다. 문화예술교육에서 어르신이든 어린이든, 한 사람 한 사람이 빛나게 '핀조명'을 켜주고 작은 무대를 만들어주는 게 중요한데, 대상을 덩어리 취급하는 현장이 꽤 많다. 문화다양성 활동에서도 그렇다. 제가 17, 18년 전에 "이제 멸사봉공滅私奉公의 시대가 아니라 멸공봉사滅公奉私의 시대다"라는 주제의 칼럼을 쓰기도 했는데, 지금은 개인의 시대, 나아가 핵개인의 시대다. '인디비주얼individual'이라는 말이 '더이상 쪼갤 수 없는'이라는 뜻인데, 지금은 분인分人이라는 말도 등장했을 만큼 갈가리 쪼개지는 상황이다. 그럼에도 불구하고 구성원들이 비전을 공유하는 것은 매우 중요하다. 얘기를 들으면서 '나란히 걷기'라는 말 속에 답이 있다는 생각이 들었다. 중국식 표현으로는 동보성, 같을 동同 걸음 보步로, 연대한다는 뜻이다. 그런 점에서 '오공본드' 같은 관계는 아니지만 내 곁에 나를 믿고 지지해주는 동료가 있다는 것은 중요하다. 어쩌면 문화예술교육 역시 현장에서 근대적 의미의 시민을 새롭게 만드는 방식이 아니라, 타인에게 함부로 하거나 무례하지 않고 좀

더 이해하고 존중할 수 있는 일상적인 훈련방식이지 않을까 하는 생각도 든다.

파국을 앞둔 지구의 앞날을 위하여

고영직 선생님은 그간 문화예술교육이라고 칭하지는 않아도 문화다양성, 장애예술 관련한 작업을 많이 하셨다. 제가 웹진 '아르떼365' 편집위원장으로 있을 때 강원도 화천에서 진행하신 '예술텃밭 기후변화 레지던시'를 접하면서 상당히 남다르다고 느꼈다. 영업비밀을 좀 털어놓아달라.

박지선 영업비밀까지는 없다. (웃음) 화천 예술텃밭 레지던시는 2019년부터 기획했고, 2020년 코로나 팬데믹 때 시작해서 지금까지 하고 있다. 화천에는 공연창작집단 '뛰다'가 조성하고 현재 '궁리소묻다'가 운영하는 예술텃밭이라는 공간이 있어서, 예술가들과 함께 기후를 주제로 같이 레지던시를 해보자는 게 시작이었다. 우선, 일을 할 때 우리가 동료로서 서로의 자원을 어떻게 나눌 수 있을지를 중요하게 생각한다. 문화

예술교육도 마찬가지겠지만, 프로젝트 안에서 자신이 어떤 방식으로 참여하고 존재하느냐가 방향을 만든다. 당시 예술가, 기획자, 기록자, 영상작업자 등 참여자가 다양했는데, 항상 초반에 얘기하는 게, 우리는 역할을 구분 짓지 않고 리서치도 토론도 다 같이 하고 함께 공유한다는 거였다. 관점의 공유도 중요했다. 기후변화가 단순히 지구의 온도가 올라가는 문제가 아니라 우리 삶 전체에 영향을 미치기 때문에, 기후정의적·인권적 관점에서 봐야 한다는 데 동의했다. 또 인간중심주의를 벗어나서 이 세계를 살아가는 다양한 비인간 주체의 시선과 관점, 생태적 관점에서 바라보고자 했다. 중요한 것은 지속성이었다. 3개월의 레지던스 활동으로 끝나는 게 아니라 화천이나 서울에서 책 읽는 모임도 하고, 시민 워크숍을 개발해서 함께하는 기회도 만들며 소통했다. '레지던스'라는 형식에 갇히지 않고 예술가들이 주제에 연결되는 구조를 계속 만들어가면서 느슨한 연대, 일시적 공동체 안에 놓일 수 있었다. 레지던스는 하나의 시작점일 뿐이고, 어떻게 계속 생각을 발전시켜나가며 예술 작업으로 시민과 만날 수 있을지 질문을 열어놓은 것, 이게 공동체 만들기인 것 같다.

고영직 영업비밀을 들어보니 핵심은 '투게더together'가 아닌가 싶다. 공동의 비전과 목표를 공유하면서 각자의 활동을 공유하는 것, 그게 지속하는 힘인 것 같다. 제가 2020년 코로나 첫해에 웹진 '아르떼365'에 부산 인디고서원에서 엮은 『공부는 정의로 나아가는 문이다』라는 책을 소개했는데, 한 청소년이 쓴 문장이 아주 대단했다. "지구가 얼마나 큰지 알려주는 과학 시간도 필요하지만, 큰 지구에서 내가 무엇을 할 수 있을지 생각하는 시간도 필요하다"라는 말이었는데. 기후위기, 생태위기 시대에 파국을 앞둔 지구의 앞날을 걱정하면서 자기 문제로 연결하고자 하는 문제의식이 상당히 인상적이어서 제 인생 문장 중 하나로 남았다.

저로서는 어려운 주제 중 하나가 장애였다. 3년 전 손병걸 시인의 시를 연구하는 작업을 했는데, 이게 알면 알수록 더 어렵더라. 그런데 얼마 전 모두예술극장에서 이탈리아 장애예술가 키아라 베르사니의 〈젠틀 유니콘〉 공연 현장을 만났다. 골형성부전증이 있는 98센티미터의 몸을 이끌고 무대 바닥에서 느릿느릿 움직이며 관객 한 사람 한 사람과 눈을 마주하는 약 40분의 공연이 낯설면서도 다른 가능성을 보았다. 지금의 장애예술 현장이나 다문화 혹은 문화다양성 현장에서 이루어지는 교육/활동을 보면 참여자를 대상화하는 게 아닌가 하는 질문이 떠나지 않는다. 장애예술 미학이 좀더 질적인 도약을 하지 않으면 여전히 사업을 공급하는 방식이 될 거다. 예술의 반대말은 진부함 또는 상투성이라고 생각하는데. 목격하신 장애예술이나 문화다양성의 문제의식은 무엇이고, 어떤 도약이 필요하다고 생각하나?

박지선 전에는 새로운 예술형식에 관심이 많았다. 장소 특정형 작업이나 극장을 벗어난 대안공간에서의 작업, 또는 관객

"이 느슨한 연대,
절묘한 거리감을 유지하면서도
계속 힘을 받을 수 있는 게
'공동체'라는 생각이 들었다."

-박지선

"공동의 비전과 목표를 공유하면서 각자의 활동을 공유하는 것, 그게 지속하는 힘인 것 같다."
-고영직

이 참여하는 새로운 방식에 질문이나 형식적인 실험을 많이 했다. 극장 중심으로만 작업하다보면 예술이 보수적일 수밖에 없고 관습적인 작업 안에 갇힐 수밖에 없으니, 그 안에서 완전히 새롭게 사고한다는 게 어렵다. 그런데 2014년 이후로는 어디에 담아도 된다는 생각이 들었고, 형식보다는 주제적인 질문을 훨씬 많이 했던 것 같다. 예전에는 예술은 우리 사회에서 중요한 역할을 한다는 확고한 믿음이 있었는데, 이제 '예술이 무엇을 할 수 있을까'라는 질문을 가지게 되었다. 이를테면 기후위기라는 현실 속에서 예술은 너무 미약했다. 예술가보다는 차라리 활동가가 되어 앞에서 싸우는 게 더 빠르지 않을까 고민하고, 당신이 하는 작업이 이 세상과 어떻게 만나고 어떤 질문을 던지고 있는가, 맨날 그런 질문을 했던 것 같다. 그러면 예술가들이 되게 당황하는 거다.

21세기에는 예술에서 윤리적인 게 중요해지고, 정치적이고 사회적이면서도 예술적인 것을 찾게 되었다. 장애예술이나 기후, 젠더, 페미니즘도 다 같은 질문이라고 생각한다. 초반에 만났던 기후 작업을 보면 희망은 없고, 지금의 심각한 상황을 알라고 강요하고 가르치려 든다. 페미니즘이나 젠더를 다루는 연극 공연들도 너무 착하거나 윤리적이다. 장애예술도 장애를 잘 몰라서 조심하는 게 작품 안에서 너무 드러나다보니, 윤리적이거나 정치적일 수는 있지만 예술적이지 못했다. 그런데 이건 어쩔 수 없는 과정이라고 생각했다. 작업의 미학보다 많은 예술가가 다양한 관점으로 얘기하는 작업이 많이 나오는 게 중요하고, 이런 과정을 지나야 다음 단계로 갈 수 있다는 얘기를 많이 했는데, 지금이 그때인 것 같다. 이제 그다음 단계로 가야 하지 않나.

그렇다면 21세기 동시대의 새로운 미학은 무엇일까? 영국의 유명한 오페라 연출가 케이티 미첼Katie Mitchell이 2년 전 〈벚나무 동산The Cherry Orchard〉을 만들었는데, 무대 중앙의 벚나무와 그 나무를 둘러싸고 있는 벌이나 나비 같은 비인간 생태계가 주인공이 되고, 인간의 서사는 앵앵거리는 파리 소리처럼 유리장 안에 가둬버렸다. 인본주의적 관점에서 연극을 해석하고 비평해온 비평가에게는 굉장히 낯선 장면이었을 것이다. 장애예술도 마찬가지다. 지금도 장애예술을 제대로 읽고 비평해주는 분이 많지 않다. 굉장히 조심스러워하는 거다. 오래전 해외에서 본 공연 중 두 다리가 절단된 퍼포머가 내 앞에서 춤을 추는데 너무 당황했었다. 기존의 무용 관점에서 해석하려니 예술작품으로 보기 어려운 거다. 그때부터 다양한 몸, 다른 감각을 어떻게 바라볼 수 있을까 고민했고, 평가하거나 판단하지 않고 있는 그대로 수용하고 받아들이기를 훈련했다. 장애예술에서 이 부분이 가장 중요한 것 같다. 장애가 있기 때문에 다르게 보는 것이 아니라 그 사람의 고유성으로 읽어내려는 것. 예술비평에 있어 기존의 연극적 틀이나 무용의 문법으로 바라보게 되면 퍼포머는 굉장히 훌륭하고 애를 쓰지만, 미학적으로는 부족한 작품으로 치부되는 거다.

고영직 우춘희 선생이 쓴 『깻잎 투쟁기』를 보면 농업 비자로 들어온 외국인 노동자들이 하루에 깻잎 만 장을 따야만 우리가 밥상에서 깻잎을 먹을 수 있다고 한다. 만 장이라는 숫자가 상상이 안 된다. 우리는 지금 지역의 소멸을 이야기하지만, 우리나라 농촌이나 어촌은 외국인 노동자들이 없으면 유지가 안 된다. 그런데도 우리의 정책이나 시선은 여전히 일국주의 또는 자국민 대상으로만 갇혀 있다. 레바논 출신 기자 아민 말루프는 "지금 이 시대는 정체성의 구성이 아니라 정체성의 배합이 중요하다. 민족·국가·인종·종교 등 특정한 어떤 하나의 정체성에 갇히지 않고, '나'라는 사람의 정체성을 다양하게 배분해주는 것, 어느 하나가 우월하게 작동하지 않게 하는 것이 중요하다"라고 얘기한다. 다양성 문화예술교육도 이런 방식으로 진행되었으면 하는 바람이다.

박지선 문화다양성과 문화예술교육에 있어 매개자가 중요한 시대라는 생각을 많이 한다. 이 시대에는 새로운 역할이 필요하다. 기후 작업에서 질문을 확장하다보면 다른 인간, 비인간, 무생물로 퍼져나간다. 최근에는 우주 생태에까지 관심을 두게 되었다. 기술, 지식체계, 문화다양성 측면에서 새로운 존재가 우리 삶에 계속 들어오고 있다. 우리가 소수자라고 뭉뚱그려 얘기하는 사람들, 존재하지만 드러나지 않았던, 혹은 이제 드러나고 있는 존재들을 끊임없이 연결하고 만나게 해주는 사람이 더 많이 필요하다. 예술가, 문화예술교육가, 우리가 그런 사람이 되어야 한다. 그리고 같이 질문을 만들어가는 매개자 교육이 정말 중요하다. 우리나라 정책이 사람을 길러내고 키워야 한다고 얘기하지만 지원하지 않고 뭔가 프로젝트를 계속 만들어야 하는 상황이다. 어떤 매개자가 필요할까. 어떤 방식으로 키워내야 이 시대에 이런 다양성이 존재하게 할 수 있을까?

고영직 저는 '매개자'라고 쓰고 '문화 삐끼'라고 얘기한다. 지금은 삐끼의 시대다. (웃음) 특히 문화다양성에는 매개자의 역할이 중요하다. 다양한 커리어를 가진 사람을 선발하는 것도 중요하고, 과정 운영도 재미있게 할 필요가 있다. 그런데 사람은 쉽게 안 바뀐다. 인식은 더더욱 안 바뀌고. 문화예술 교육의 장점은 우리가 안다고 했을 때 머리로 아는 앎이 아니라 내가 할 줄 앎을 제대로 구현해주는 것, 나아가 타인과 더불어 살 줄 앎을 연결하는 것이라고 생각한다. 그래서 '앎'과 '할 줄 앎' '살 줄 앎' 이것을 체화할 수 있는 과정 설계와 운영이 필요하다. 그러려면 기존 방식과는 다르게 접근해야 하고, 그야말로 문화 삐끼를 잘 만들어내서 활동하게 해야 하지 않을까.

박지선 다양성을 확장하기 위해 다양한 매개자가 필요하다는 것에는 동의한다. 그러면서도 예술이 할 수 있고 예술이 해야 하는 일은 다른 것 같다. 그러니까 하나의 비전이라도 방법론은 다 다를 것 같다. 예술가, 활동가, 연구자 들과 만나면 항상 시작은 '우리가 어떻게 협업을 할 수 있을까'이다. 농담으로 "활동가는 굉장히 빠르게 움직이고 달려가는 사람이지만, 달려가면서 놓치는 게 있다. 그럴 때 떨어진 것들을 주워서 다시 바라보고 돌보고, 무엇이 빠졌는지를 체크하면서 천천히 갈 수 있는 게 예술가의 역할인 것 같다"라고 얘기한다. 예술기획자든 문화기획자든 이들이 다른 분야의 사람들과 만나서 방법론을 교류하면서 협업할 수 있는 장, 시공간을 계속 만들어주어야 한다. 사람을 키우는 데 대한 지원도 적극적으로 이루어져야 역량을 키워나가지 않을까.

소멸의 시대, 공동체에 거는 희망

고영직 정치학자 이관후 선생은 『압축 소멸 사회』에서, 지금 대한민국이라는 공동체가 소멸하고 있다고 말한다. 우석훈 선생은 지금의 5천만 국가에서 20퍼센트만 남고 '천만 국가'로 전락할지 모른다고 경고한다. 저는 우리 사회가 지역 소멸이나 인구 소멸을 말하기 전에 정치 소멸을 먼저 말해야 한다고 본다. 그런데 누구도 걱정하지 않는다. 그래서인지 사람을 귀하게 여길 줄을 모른다. 지역을 대하는 태도 또한 마찬가지다. 사람을 고귀하게 여기려면 정치가 복원되어야 하고 우리의 상상력이 복원되어야 한다. 그때 예술가의 상상력이 과감하고 급진적 radical 일 필요가 있다. 물론 쉽지는 않다. 한정된 자원이나 우리의 관성·관행은 생각보다 완고해서 변화를 쉽게 수용하지 못하잖나. 예술사회학자 이라영 선생은 "약자는 개인으로 규정되지 못하는 존재들"이라고 했는데, 문화다양성이든 장애예술이든, 기후변화 시대의 예술 문제든 간에, '개인'으로 호명해주는 것이 중요하다. '핀조명'이라고 얘기한 게 그런 맥락인데, 어떻게 덩어리 취급하지 않고 개인으로 부각해주고 고유성을 인정해줄 수 있을까? 손병걸 시인은 "편견이 사라진 감각 공동체"라는 표현을 썼는데, 저는 여기에 해답이 있다고 본다. 오늘 우리의 이야기가 결국 편견이 사라진 감각 공동체를 구현하기 위한 것이 아닌가. 리터러시 교육이 문화예술교육에서 중요하게 참고해야 할 사항이라고 생각하는데, 최창희 선생이 "감각 리터러시로 확장돼야 한다"라고 한 표현은 상당히 멋진 지향점이 아닌가 생각해본다. 선생님은 앞으로 예술가로서, 시민으로서, 문화예술교육가로서 동료들과 어떤 활동을 함께하시려는지 듣고 싶다.

박지선 향후 10년 동안 어떻게 같은 질문을 계속 새로운 질문으로 만들어나가고 일시적 공동체와 동료를 확장해나갈 것인지가 저의 숙제다. 지난 10년 동안 100명 정도의 아시아 프로듀서들과 네트워크를 만들면서 독립적으로 개개인이 드러나는 네트워크가 가능하다는 것을 경험했다. 그래서 다음 10년은 좀더 명확한 목소리를 내고 힘을 받는 공동체를 만들 수 있지 않을까 생각한다.

지금은 많은 것을 잃어버린 시대다. 물론 새로운 것도 많이 나타나지만, 경험이 계속 멸종되는 시대에, 예술의 상상력만이 그런 경험을 다시 불러일으킬 수 있고, 여태 한 번도 하지 않았던 새로운 방법을 시도해볼 수 있다고 생각한다. 선생님 말씀처럼, 예술가가 훨씬 더 공격적이고 날카로워져야 하고, 더 멋있는 상상력이 필요하다. 『도넛 경제학』 서문에 "결국 이 세상을 보는 틀을 바꿔야 한다"라는 문장이 나온다. 새로운 것이 나타났을 때, 그 자체가 어려운 게 아니라, 내 마음속 깊이 깔린 관습, 오래된 것을 바꾸는 게 어려운 것이니, 우리가 세상을 바라보는 틀을 바꾸는 것이 모든 것에 대한 새로운 시작이라는 거다. 이 말은 문화예술교육에도 적용된다. 20세기의 틀이나 과거의 것으로 젊은 세대나 아이들을 가르친다고 생각하면 공포스럽다. 이런 생각을 하다보면 다시 질문이 돌아온다. 내가 가지고 있는 세계관은 무엇인가, 내가 세상을 바라보는 틀은 무엇일까. 그 책에서도 "지도는 땅이 아니다"라고 말하는데, 내가 가지고 있는 지도를 과감히 버리고 땅을 들여다보는 게 중요하겠다. 그게 뇌를 말랑말랑하게 만들어 나이들어서까지 계속 사유하는 할머니로 살 수 있는 길이 아닐까 싶다.

고영직 『연애 소설 읽는 노인』이라는 훌륭한 소설도 있다. (웃음) 지금 우리 사회에 디테일도 중요하지만 비전이 없다는 게 가장 큰 문제가 아닌가 싶다. 오늘 우리가 나눴던 문화다양성, 장애예술, 생태, 이런 활동이 결국 임박한 파국을 나의 문제로 인식하고 세상을 바꾸기 전에 나 자신을 먼저 바꾸는 게 중요하다는 이야기로 정리되는 것 같다. 사실 '희망'이란 말을 썩 좋아하지 않는다. 재일조선인 서경식 선생은 바랄 희希에 벼 화禾 변을 붙인 드물 희稀를 써서 "희망希望은 희망稀望이다"라는 얘기를 하셨다. 희망은 자주 오는 게 아니라는 의미일 텐데, 미래에 희망이 있다고도 말할 수 있고 없다고도 말할 수 있다. 오늘 우리가 어떤 일을 하느냐에 달린 거다. 그럼에도 불구하고 우리는 한 사람의 예술가로서, 시민으로서, 예술교육가로서 달려가는 것이 아닌가 생각해본다.

박지선 저 역시 '희망'은 포스터에 붙어 있는 글귀처럼 느껴진다. 최근 몇 년 동안 예술가들의 작업이 너무 우울한 거다. 그래서 "사람과 사람이 대면해서 보는 공연인데, 이 안에 아무런 희망도 없이 파국만 있다면 다들 너무 힘 빠지잖나. 보이지 않더라도 아주 작은 희망을 살짝 심어놓는 건 불가능할까?"라고 제안했고, 자신의 이야기를 끌어와 아주 작은 희망으로 공연을 마쳤던 기억이 있다. 저는 예술이 세상을 바꿀 수 있다고 생각하지는 않는다. 하지만 예술은 보이든 보이지 않든 끊임없이 세상에 균열을 만드는 역할을 한다. 거대하지 않아도 아주 작은 희망, 마이크로 유토피아를 계속 만들고 쌓아놓는 게 예술이 해야 하는 일이라고 생각한다. 예술가, 문화예술교육가, 매개자 모두 동료로서 세상에 대한 나의 비전을 갖고 살아가면서 지치지 않고 조금씩 희망을 만드는 일을 해가면 좋겠다. 그런 동료가 있어야 계속 일할 수 있는 것 같다.

제가 가장 좋아하는 문장이자 생태연극ecodramaturgy에서 계속 얘기하는 게, "이제 우리는 질문을 바꿔야 한다"라는 말이다. 오랫동안 '나는 누구인가, 우리는 누구인가'라는 질문을 해왔다면, 지금은 '우리는 어디에 있는가, 나는 어디에 있는가'라는 질문으로 바꿔야 한다. 내 주변에 누가 있는지, 무엇이 존재하는지, 내가 어디와 연결되어 있는지, 비가시화되어 있는 존재들이 실제로는 어디에 존재하는 것인지 질문하고 주위를 둘러보면서 길을 잃지 않고 함께 가면 좋겠다.

고영직 길을 잃을 수도 있다. 자석을 옛날식으로 표현하면 '지남철指南鐵'인데, 남쪽을 지향한다는 뜻이다. 지남철처럼 사람을 지향하는 복원력이 우리 안에 있다고 생각한다. 요즘 19세기 말 동학사상과 동학운동을 관심 있게 보는데, 거기에 우리가 가야 할 오래된 미래가 있는 것은 아닐까 싶다. 해월 최시형 선생이 얘기한 '삼경三敬사상' 즉, "하늘을 공경하고, 사람을 공경하고, 사물을 공경하라"라는 말은 정말 위대한 가르침이다. 기후위기든 문화다양성이든 장애예술을 풀어가는 관점의 전환에 있어 중요한 모티브로, 예술가·예술교육가가 놓치지 말아야 할 요소라고 생각한다.

박지선
프로듀서그룹 도트 크리에이티브 프로듀서로 국내외에서 공연예술과 다원예술의 기획 및 공동제작 활동을 활발히 펼치고 있다. 아시아 프로듀서 플랫폼 APP의 설립에 참여해, 동시대 예술과 프로듀서의 역할, 아시아 지역 간의 교류와 협업을 이어오고 있다. 최근에는 기후변화, 포스트휴머니즘, 기술사회 등의 키워드를 중심으로 동시대 예술이 어떻게 위치할 수 있는지를 질문하며, 새로운 삶의 방식을 탐색하고 있다. 2020년부터는 기후변화를 주제로 한 예술가 레지던시를 공동 기획하고 있으며, 이음온라인의 기획위원으로도 활동했다.

고영직
문학평론가. 사람은 이야기로 구성된다고 믿는 인문주의자. 웹진 '아르떼365' 1기 편집위원장. 경기문화재단 전문위원, 경희대 실천교육센터 운영위원을 지냈으며 한국문화예술교육진흥원 이사로 활동했다. 저서로『삶의 시간을 잇는 문화예술교육』등이 있다.

아무데도 없고, 어디에나 있는

문화예술교육과
창의성

제환정

박찬국

#창의
#창의력
#창의성
#창작

창의력과 창의성은 문화예술교육과 떼려야 뗄 수 없는 개념이며, 문화예술교육의 효과로도 자주 언급된다. 창의와 창작은 새로운 것을 생각해내거나 만들어내는 과정이고, 예술적 경험이 창의성 발현에 중요한 역할을 한다는 것은 이미 널리 인정되고 있다. 그렇다면 창의성이란 무엇이며, 문화예술교육에서는 어떻게 발현될까? 오랫동안 창의적인 예술교육 현장에서 활동해온 두 전문가와 함께, 문화예술교육에서 창의와 창작을 바라보는 관점은 어떠해야 할지, 그리고 창의성을 한층 더 확장하기 위한 이야기를 나누었다.

박찬국 창의에 관한 논의는 쉬운 게 아니다. 창의 자체가 어렵다기보단 한국 사회에서 왜 자꾸 창의를 언급하는가에 대한 질문이 있다. 한국에서는 일론 머스크, 스티브 잡스 같은 사람들이 굉장히 창의적이라고 생각하고, 창의를 통해 열심히 부를 획득하는 게 제일 큰 이유인 것 같다. 결국 경쟁과 관련된 얘기다. 이미 모든 존재는 창의적인데, 경쟁사회 속에서 상대적으로 더 잘살거나 승리해야 한다는 관점이 작동하는 게 아닌가 싶다. 실제로 창의성이 없으면 인생이 망한다는 분위기고 당연히 예술에서 창의가 나온다고 여긴다. 하지만 순간적으로 문제를 푸는 기지가 창의의 전부는 아니다. 그래서 조금 다른 관점에서 얘기해야 한다는 생각이 들었다.

제환정 본질에 관한 말씀이어서 정말 공감한다. 존재는 이미 창의적인데 그걸 별도로 떼어내서 소환하는 점을 지적하신 게 인상적이다. 저는 초등학교에 들어가기 전까지 제가 동물과 대화할 수 있다는 걸 알고 있었다. 그런데 학교에 간 순간부터 더이상 동물과 대화가 불가능해지고 어떤 감응의 실이 끊어지는 느낌이 들었다. 제도 교육을 받으면서 그 기술을 잃어버렸던 경험이 있어서 더 크게 와닿는다.

국가 자원으로서 개인을 바라볼 때, 창의라는 역량이 있으면 굉장히 유능한 인재로 본다. 한국처럼 개인의 역량이 강조되는 사회에서는 개인이 알아서 창의를 갖춰야 하고, 창의가 항상 윤리적으로 옳은 것처럼 얘기된다. 특히 교육적인 면에서 창의는 바로 문제해결 능력과 결합되어 예술성보다는 고도의 인지능력을 말하는 것일 수도 있다. 한편, 문화예술교육에서 창의를 얘기할 때, 유용하기 때문에 무조건 선하다고 생각하는 것 같다. 그런데 한편으로는, 영화에서나 현실에서나 악당들이 더 창의적이다. (웃음) 사람들이 윤리적인 임계치가 없을 때, 생각의 바운더리가 팽창하는 것 같다. 개인적으로는 창의는 항상 옳고 선한가에 대한 윤리적 질문이 필요하다고 생각한다.

보이지 않는 것을 응시하기

박찬국 윤리적인 측면도 여러 차원에서 들여다봐야 할 것 같다. 사람들이 어떤 것을 창의적으로 바라볼까? 아까 악당과 문제해결 능력을 말씀하셨는데, 그게 선인지 악인지를 떠나서 어떤 수준을 요구하는 것일 가능성이 매우 크다. 사물이든, 세계든, 아니면 활동이든, 이런 걸 응시할 가능성을 굉장히 좁혀놓는 것이다. 살아가는 것은 모두 문제해결 과정이고, 당장 눈앞에 닥친 문제를 순발력 있게 해결하는 것도 있겠지만, 관계나 시간, 존재처럼 보이지 않는 것이 얽혀 있는 구조와도 관련이 있다. 거기서 창의성을 들여다보거나 끄집어내는 것은 훨씬 더 다방면에 걸쳐 있다는 생각이 든다. 그걸 보지 않는 순간, 창의도 암기하는 지식처럼 분류해서 엮어버리지 않을까.

제환정 '응시'라는 단어가 와닿는다. 학생들을 만나는 내가 과연 그들을 응시하고 있는지 반문하게 된다. 안무나 창작하는 시간도 정해져 있다보니, 재촉하지 않으려 해도 재촉하게 된다. 5분 뒤, 30분 뒤, 다음 시간까지 보여줘야 한다는 제약을 걸 수밖에 없다. 창의적인 인간을 요구하는 건지 아니면 순발력 있는 인간을 요구하는 건지 잘 모르겠다. 어떤 사람들은 무언가를 만들어내는 데 더 많은 시간이나 정성이 필요하다. 우리 사회가 경쟁력을 우선순위에 두면서, 순발력 있는 아이들이 빠르게 답하는 것을 창의라고 하기로 동의한 것 아닌가 싶고, 조금 더 시간이 걸리는 아이들을 응시할 인내를 가졌는지 생각하게 된다. 예술교육에서도 이미 많은 것이 밀키트처럼 만들어졌고, 시간 안에 끝내고 다 같이 사진을 찍는 형태가 보편화되었다. 시간을 재촉하는 것이 창의의 반대말일 수도 있겠다는 생각이 든다.

박찬국 문화예술교육 초기에도 창의성을 매우 기술적으로 보는 경향이 있었다. 물론 인간은 개별성이 있지만, 독립적으로 존재할 수는 없다. 가족이나 지역, 현재 상황, 다양한 연결 관계가 있다. 요즘은 그 관계를 훨씬 복잡하게 얘기한다. 그 복잡한 관계 안에서 본인이 익숙하거나 고민하거나 흥분하거나 즐겁거나 다양한 정동이 관련을 맺으면서 무언가에 대한 사유나 결과물이 나온다고 본다. 이런 관계, 문제해결, 아이디어의 연결 지점을 보지 않으면서 창의에 이를 수 없다. 현대예술도 훨씬 복잡한 관계 안에서 여러 가지를 드러내는 방식으로 변해왔다.

제환정 예전에 선생님이 한국예술종합학교에서 했던 강의 포스터에서 "거의 모든 것의 배후에 예술이 있게 하라"는 문장이 정말 감명깊었다. 우리 사회에서 여전히 예술은 부가적인 것이라는 인식이 있다. 있으면 좋은 거지 없으면 큰일나는 것이 아니다. 제가 예술 중에서도 주변부인 무용 장르에 있다 보니 더 그렇게 느꼈을지도 모른다. 배후에 예술이 있는 사회는 정말 미학적일 거라는 생각이 들어 기억에 많이 남았다.

박찬국 그때는 사람들이 예술과 너무 동떨어져서 생각하니까 삶을 좀 다른 차원에서 살펴볼 필요가 있다고 생각했다. 개인에게 생존이 최우선이고 우리 몸도 생존에 적응하게 되어 있지만, 쌓여온 생존의 역사 속에서 본다면 매우 다른 관점에서 삶을 포착할 수 있다. 당장 생존에 필요도 없는데 왜 예술이 하고 싶고 끌리고 매력이 있는지, 계속 집중하려고 하는데 왜 계속 딴생각이 나는 건지, 예술이 왜 존재하는지. 결국 생존이 진화와 관련 있다면 예술은 기본default 값이라고 생각되는데, 사회적으로 그걸 수용하기가 힘든 것 같고 반대로 예술적인 욕구 자체를 통제하고 억압하고 있는 게 아닌가 생각이 들었다.

제환정 요즘은 문화예술을 설명하는 정치적 언어들조차도 K-팝이라든가 K-아트 같은 식으로 어떤 브랜드 이름을 가져야 하고 굉장히 상업화commodification 되어 있다. 그러나 그것이 견인하는 힘을 부정할 수는 없는데, 말씀하신 매우 본질적인 힘과는 상당한 거리가 있다. 그 분열에 대해서 어떻게 생각하는가.

박찬국 끊임없이 규격화하고, 제도화하고, 등급을 나누는 것에 대해 저항할 필요가 있다. 현대미술도 상품화되긴 하지만, 근본적으로 작가가 느낀 문제의식이 드러나지 않으면 작가로서 생존하기가 힘들 수 있다. 예술가들에게 그 과정에 대한 비평적 의식이 요구되기 때문이다.

제환정 미리 주고받은 질문 중에 '마이너스 창의'는 어떤 이야기인가?

박찬국 마이너스 창의성은 지금 사회가 요구하는 창의성이 정말 필요한 창의성인가 질문하는 것이다. 창의성이라는 이름으로 삶과 세계를 갉아먹는 경쟁에 익숙해진 것이 아닌지 생각해보게 된다. 그래서 어떤 예술가들은 반예술, 비예술의 예술에서 답을 찾기도 한다. 작업하면서 발달장애 어린이, 학교 청소년은 물론이고, 여러 대상을 끊임없이 만났다. 서울시청년일자리허브 '청년학교'를 운영하면서 청년들과도 많이 만났었다. 최근에는 나이와 관계없이 '동료학교'를 만들었다. 30~40대 작가와 관련 분야 사람 7명 정도 모였는데, 자기 고민을 풀려고 왔다기보다는 다양하게 연결되고 싶은 욕구가 있었다. 일반적인 주류 예술과는 매우 다른 차원의 생각을 가진 어떤 작가는 공공장소 구석에 있는 보도블록 하나를 매일매일 닦는 작업을 4년인가 했다고 한다. 매우 수행적인 작업이고, 작업 자체가 흥미롭다. 작가의 의도를 넘어서 장소나 제도가 어떤 역할을 하고 있는지 여러 생각을 할 수 있다. '그래서 먹고는 살겠냐? 빨리 성공할 수 있겠냐? 홍보가 되겠냐?' 이렇게 생각할 수도 있지만, 본질적으로 우리가 예술을 통해서 뭘 얻을 수 있을까? 전혀 알려지지 않아서 아무도 내

작품을 못 알아보는 것도 원치 않지만, '잘 그리기 경쟁' 같은 걸 통해서 예술이 존재해야 하냐는 질문이 있다. 그래서 동료 학교에는 다른 유형의 작업을 하려는 사람이 많다. 전문성이라든가 숙련도는 떨어지지 않는다.

창의에 이르는 복잡한 경로

제환정 예술이 창의와 연결될 수 있는 유리한 지점 중의 하나가 환대하는 것이다. 단순히 기쁘게 맞아준다기보다 어떻게 보면 '믿어주기 게임'처럼, 그 사람이 주장하는 것을 그저 순순히 받아준다. 그 사람의 어떤 가상 혹은 실제, 혹은 실제지만 가상인 척하는 그 모든 것을 그냥 받아주는 거다. 그래서 우리가 예술 행위를 할 때는 창의적인 면을 드러내는 것에 대해 좀 덜 멋쩍어도 된다. 보통 무용 전공자의 경우에는 '어떤 몸이어야 한다'라는 규칙이 있지만, 예술교육을 통해 사람들을 만나고 같이 춤을 출 때는 꼭 규칙을 따를 필요는 없다. 그 사람의 생김과 신체와 존재하고 싶은 방식이 있기 때문이다. 그냥 그 사람이 주장하는 대로 내버려두는 거다. 사실 그런 환대의 순간이 창의가 발생할 수 있는 제일 좋은 토양이라는 생각을 많이 하게 된다.

박찬국 믿어주는 것이 환대라는 말이 인상적이다. 옛날에 선교사들이 아메리카대륙을 발견하고 원주민 부족과 처음 만났을 때, 사유 체계가 다르고 삶의 방식과 문화가 다르니 처음부터 신뢰하기 힘들다. 선교사들이 원주민 추장에게 돼지 한 마리를 선물하고 원주민들도 조개껍데기 같은 것을 주었다고 전해진다. 굉장히 귀하게 여기는 것을 증여하는 행위는 일종의 환대 형식이다. 그때부터 관계가 성립되고 뭔가 새로운 것이 만들어질 수 있다. 그런 환경과 조건, 어떤 분위기나 상황을 만들어내느냐에 따라서 엄청나게 달라지는 것 같다. 그래서 창의보다 조금 더 신경 써야 할 부분은 '창발創發' 아닌가 생각이 든다.

제환정 창의와 창발을 어떻게 구분하나?

박찬국 창의는 훨씬 개인 차원이고, 창발은 집단과 관련된다. 창발은 예측과 통제가 어렵지만, 집단지성이나 행동을 촉발하는 어떤 사건의 누적이 있다. 요즘 집회에서 사람들이 응원봉을 들고 아이돌 노래를 부른다. 집회는 굉장히 엄혹한 상황인데, 다른 분위기에 새로운 에너지가 솟는다. 이러한 행동이 하나의 문화로 순식간에 조직되었다. 창발이든 창의든, 강렬하게 뭔가 하고 싶은 열망이 있어야 그것이 솟아나고 새로운 감정과 교차하면서 순식간에 다른 분위기를 만들어낸다. 그것은 준비된 열망이 아니다. 꼭 이렇게 하려는 게 아니라 만들어져버리는 거다. 그래서 창발은 훨씬 다른 차원의 문제 같다. 삶은 우연의 연속이고 환경과 미리 준비된 조건의 연속이다. 최근에는 존재들을 다양한 차원에서 포착한다. 인류학자 애나 칭은 "오염된 다양성"*이라는 말을 썼다. 하나의 존재가 순수하게 존재할 수 없고, 지구 모든 역사가 다 똑같다는 거다. 단순히 종과 종만이 아니라 어떤 환경이나 조건, 상황에 끊임없이 개입하면서 변화할 수밖에 없다. 그 변화된 과정 자체를 우리가 인정하고 상호 영향을 미치는 것에 대해서 생각하지 않으면 우리 삶을 유지할 수 없다고 한다. 우리가 어떤 상품을 만들거나 문제를 해결하는 것만이 아니라 전체적인 생존 안에서 끊임없이 창의가 발생할 수밖에 없고, 그것이 하나의 세계를 만들 때는 굉장히 다른 차원이 되기도 한다. 그

---

* 애나 로웬하웁트 칭, 『세계 끝의 버섯』, 노고운 옮김, 현실문화, 2023.

래서 창발로 진화한다고 생각한다.

제환정 요즘 젊은 세대가 참여하는 대규모 집회를 보면, K-팝 팬덤 경험이 어떻게 이들이 스스로 목소리를 내는 데 영향을 주었는지 흥미롭다. 예전의 수용자적인 태도와 달리 지금은 '찾아내고, 지지하고, 양육하는' 팬덤이다. 개인이지만 모이면 거대한 경제적·정치적 힘에도 맞설 수 있는 정도로 진화했다. 그동안 대중 예술에서 힘을 발산하던 경험이 정치적 목소리를 낼 때도 폭발력 있게 적용됐다는 느낌이고, 여전히 예술이 '배후'에 있었기 때문에 개인의 자발성이 강조된다는 것 같다는 생각이 든다. 예전과 달리 시위가 비장하기보다는 축제처럼 되면서 매우 적극적이고 향유하는 맞섬의 퍼포먼스를 한다고 생각했다.

박찬국 내가 학교에 다니던 1980년대 중후반부터 1990년대 초반에 이미 한국에서는 일상 어디서나 운동 가요를 부를 정도로 폭발적이었고, 일본 등 해외에서도 그런 상황에 관심이 컸다. 그때 만난 일본 작가들이 자기들도 한순간에 시위나 저항이 꺾였다며 너희도 아마 그렇게 될 거라고 했다. 나는 그 말이 틀렸다기보단 우리는 춤추고 노래하는 문화가 신체에 깃들어서 아마 쉽게 없어지지 않을 거라고 답했었다. 사실 1990년대 말이 되니 순식간에 변하긴 한 것 같다. 당연히 그 뿌리까지 없어진 건 아니겠지만 말이다. 이번에도 아마 K-팝이 지금까지 가져왔던 것과 엄청 다른 차원의 얘기들이 나올 것 같다. 나와 내 스타와의 관계만이 아니라 그 속에 우리가 연결되면서 또다른 K-팝 문화가 성장할 수도 있지 않을까.

제환정 한편으로는 세대 간의 소통에도 도움이 된 것 같다. 서로의 존재 방식이나 저항의 방식은 조금 다르지만, 목적은 같은 결을 가지고 있어서 세대 간에 서로 영향을 주고받는다는 생각도 든다.

한계에 직면하여
생각이 들끓을 때

박찬국 교수님께서는 주로 어떤 예술 수업을 하셨는지 궁금하다.

제환정 다양한 현장에서 수업했지만, 병원에 장기 입원한 어린이들과의 수업이 기억에 남는다. 입원한 아이는 하나지만 가족 모두가 병원에 있는 상황이라 가족 프로그램이라고 생각했다. 치료를 받고 있고 링거를 맞다보니 아무래도 움직임에 제약이 있다. 진행하면서 실수를 정말 많이 했는데, 그러면서 깨달은 것이 많았다. 어른이 조금 엉망이어도, 사과하면 아이들이 무척 잘 용서해준다는 것도 배웠다.

박찬국 예술가나 강사로서 항상 만나던, 항상 하던 것이 아니라서 여러 고민이 있었을 거다. 어떻게 보면 비본질적이라고 생각할 수 있는 것들이 막 끼어드는 상황이다. 만만치 않은 작업이었겠지만, 예술가로서는 어떤 제약이 있는 것 자체가 무척 흥미로운 부분이다.

제환정 내 경력의 대부분이 엘리트 학생들을 가르치다보니 그 반대의 일을 하는 것도 의미 있을 거라고 생각해 시작했다. 대개 예술 수업은 그 사람의 일상을 참조하는데, 이 아이들은 그러기가 힘들어 실수가 많았다. '동물원에서 코끼리를 본 적이 있지요?' '수영장에서 이렇게 몸이 뜬다면?' 이렇게 얘기를 시작하면 '저는 안 가봤어요' '우리 언니가 해봤어요' 라고 답이 온다. 병원 밖의 삶, 또래의 일상이 부재한 상황에서 예술교육을 한다는 게 무엇이어야 할지 생각을 많이 했다. 예술과 일상을 연결하는 게 창의라고 할 때, 병원 안에만 있는 일상에서 예술은 뭐여야 할지도 고민했다. 병원에도 여러 프로그램이 있는데, 우리는 그냥 무용 수업이라고 말씀드려도 꼭 '테라피'를 붙였다. 그런데 한편으로는 뭐라고 불려도 상관없지 않았을까 싶다. 완화치료센터에는 주로 암환자나 장기 입원한 아이들이 많다. 그 아이와 가족에게 그냥 유년기의 어떤 한 조각이라도 된다면 그게 뭐여도 괜찮지 않나 생각했다. 어찌보면 제가 했던 여러 프로젝트 중에 '창의'에 대한 고민을 제일 덜 했던 것 같다.

박찬국 결과적으로는 창의라는 게 숨어 있는 거다. 일상적이지 않은 데 대응하다보니 여러 가지 생각을 폭발시키면서 자기 태도를 결정하고, 여러 가지를 통합적으로 고민하는 게 굉장히 창의적인 순간이다. 진짜 엉뚱한 데서 이렇게 반응을 얻을 수 있는 것 같다. 특히 그렇게 어려운 조건에 있을 때나 일반적인 방법론이 통하지 않을 때가 그렇다.

제환정 한편으로는 그런 무기력함에 부딪치려고 현장에 가는 것 같다. 너무 잘 세팅돼서 누구나 잘할 수 있는 환경보다는, 나의 한계를 대면하는 순간 나에게서도 약간의 창의가 나온다. 그게 즐거움보다는 고통에 가까운 거라고 할지라도. 우리가 뭘 창작할 때도 마찬가지이지만, 어찌할 바를 잘 모르겠기에 오히려 생각하게 된다. 예술가가 예술교육 현장을 찾는 이유 중에는 그 부분도 분명히 있을 것 같다.

박찬국 그렇다. 그것이 예술가에게 커다란 예술적 성취를 주진 않더라도 영향impact을 주는 순간, 하나의 사건인 거다. 사진을 보여주고 내용을 설명하는 것만으로는 어떤 일련의 프로세스만 포착될 뿐, 우리가 뭘 했는지 전달이 안 된다. 지원하거나 평가하는 기관에서 몇 회, 몇 명같이 너무 뻔한 방식으로 평가하는 게 아니라 이와 같은 이야기를 많이 듣고 상상을 교환해야 한다. 사회적인 설득력도 있을 것 같다.

제환정 그런데 좋은 질은 어느 정도 양에서 나오는 것 같다. 예술교육이 학교처럼 보편적인 가치를 지향해야 하기도 하고, 때로는 최전방에서 소수의 이야기를 만나서 그 보편성을 캐물으면서 전복하기도 해야 한다. 사업화된 지원사업이나 연구 용역에 참여하다보면, 성과를 측정하고 결과를 증빙하는 그 모든 과정의 중요함을 부정할 수는 없다. 동시에 현장에 가면 이런 비판적인 생각도 하게 되고. 당위성 안에만 갇히지 않으려면 최전방에 나가서 부딪치고 깨지는 시간도 필요한 것 같다.

박찬국 그러니까 대규모일 때도 있고, 매우 개별적인 조건에서 수행할 수도 있다. 다양한 차원을 다양하게 조직하고, 다양한 사례를 만들고, 다양하게 맞서고, 그것을 어떻게 응시하며 봐주느냐에 따라서 다양하게 서로 영향을 미치면서 성장할 수 있지 않을까. 그러니까 제도를 운용하는 사람으로서는 언제나 똑같은 방법으로 '숫자'를 보는 게 맞을 것 같지만, 실제로는 아닐 수 있다. 그런 다차원적인 인사이트를 검토해야 한다. 항상 평평하게만 보려는 게 사실 예술가를 절망하게 하는 순간이다. 그래서 교육자로서 예술가가 존재하기 어렵다. 과정이 괴롭고, 뭔가 얻지 못한 것 같고, 서로에게 도움이 안 된 것 같은 순간은 당연히 있을 수 있다. 그것 때문에 성과가 없으니 배제한다면 어쩔 수 없지만, 그런데도 왜 유지되어야 하는지 얘기할 수 있을 때 제도로서 어느 정도 가치를 만들어 갈 수 있지 않을까.

제환정 지원 서류에 늘 새로운 기획을 해야 한다는 게 폭력

"끊임없이 규격화하고, 제도화하고,
등급을 나누는 것에 대해
저항할 필요가 있다."

-박찬국

> "너무 잘 세팅돼서
> 누구나 잘할 수 있는 환경보다는,
> 나의 한계를 대면하는 순간
> 나에게서도 약간의 창의가 나온다."
>
> -제환정

적으로 느껴지기도 한다. 경험 있는 신입처럼 예술가와 예술교육가가 자신의 사적인 경험의 누적치를 가지고 새로운 것을 만들어내라고 재촉당하는 부분이 여전한 것 같다. 지원사업 안에서 예술 활동을 할 때 공공재처럼 바라보는 시선이 있는 것 같다. 요새 좀 많이 나아졌다고는 하나, 연구 혹은 결과치에서 어느 정도의 정량적인 지침은 늘 있다. 창조가 일어나는 것은 '이거 내가 생각해도 진짜 기발했는데' 하는 순간이거나 우리가 공유했던 어떤 감정일 수도 있는데, 거기에 집중하기보다는 자꾸 '인증'에 집중하게 된다.

박찬국 그러니까 일종의 공공적인 프로젝트에서도 하고 싶은 사람은 많고, 안에서 인정받으려면 자기 증명을 해야 한다. 그걸 창의성이라고 해야 할지는 모르겠지만, 쥐어짜야 하는 상황이 있을 거다. 그런데 그것은 결과적으로는 소모되는 방식이다. 조금씩이라도 서로 딛고 올라서고 성찰할 수 있는 조건이 마련되면 좋은데, 그게 대체로 쉽지 않다.

제환정 결국 반복되는 상황에 지치고 소진된다. 그래서 최근에 동료와의 느슨한 연대 같은 것이 활성화됐다. 저도 3년 넘게 지속하는 모임이 있다. 매달 만나며 자기 일을 소개하기도 하고, 워크숍처럼 서로에게 배우기도 하는 모임이 하나둘씩 생긴다. 아이들에게 창의를 발견하는 최초의 목격자가 되는 게 나라면, 나의 목격자는 누가 되어줄 건가? 동료밖에 없다. 다들 프리랜서로 혼자 일하는데 뭔가 비빌 언덕이 생긴 것처럼 고민도 얘기하고 새로운 것도 배운다. 아까 동료학교를 운영하신다고 해서 반가웠다.

예술에서 무언가를 창조한다는 것은 단순히 새로운 것을 만드는 것보다는, 함께 무언가를 만들어내며 교감하고 각성하는 경험이라고 생각한다. 특히 무용은 형태가 남지 않지만, 그 과정에서 함께 작업했던 사람들과의 매우 특별하고 은밀한 교감을 준다. 예술교육가 입장으로, 성경 창세기에 나오는 "보시기에 참 좋았다"라는 문장을 좋아한다. 신이라는 어마어마한 존재조차 자기가 한 일이 얼마나 마음에 들었으면 기록까지 했을까. 저는 신이 무척 예술가 같다고 생각했다. 예술가에게도 방금 만든 것들에 대해서 응시하고 음미할 순간이 주어져야 하지 않을까. 그 시간이 다음 창의를 위한 원동력이 될 것이다.

박찬국 인간끼리의 삶은 한계에 다다랐고, 기후, 관계, 자본 등 생각했던 것보다 훨씬 더 심각한 문제에 직면한 상황이다.

단순히 하나의 아이디어에 국한되지 않고 다양한 감각과 연결되는 방식이야말로 세계와 인간을 이해하는 새로운 틀을 제시할 수 있을 것이다. 창의성을 자본을 창출하기 위한 수단으로만 사용하는 것을 넘어서, 창의성 자체가 어떻게 더 근본적인 것들과 연관될 수 있는지 고민해야 한다. 창의성을 통해 새로운 방식으로 세계와 만나고, 그 만남 속에서 이전에는 보지 못했던 관계와 가능성을 포착할 수 있는지 생각해야 하지 않을까. 오늘 교수님과 얘기하면서 창의를 너무 폭 좁게 생각하지 않아야 한다는 점을 다시 한번 깨닫는다. 훨씬 더 다양하게 응시하고 과정 전체를 보려고 할 때 예술이나 삶 전체를 포착하는 폭과 깊이가 달라질 수 있을 것 같다.

박찬국

도시의 빈 곳을 즐기는 작가, 예민해지기 위해 노력하는 크리에이터. '논아트밭아트' '동대문옥상낙원' 수원 공공예술 프로젝트 '멈추면 생동'의 예술감독. 여주 밀머리미술학교를 운영했으며 서울시 청년일자리허브 청년학교 담임이자 기획자로도 활동했다. 요즘에는 '국경이 아니라 해안을 따라 걷자'는 생각으로 사람들을 꼬드기고 있다.

제환정

예술교육가. 이화여자대학교 교수. '모든 인간은 무용수'라는 믿음으로 춤과 춤추는 인간을 독려하고 탐구하며, 세상 구석구석 예술이 있기를 도모하고 있다. 예술교육가, 창작자, 해설자, 저자로 활동하며 춤이 필요한 곳에서 활동한다. 대한무용학회 편집위원장, 문화예술교육 웹진 '아르떼365' 편집위원을 지냈다.

인류 생존의
거대한 질문을 담은 도구

디지털 기술은
어떻게 문화예술교육을
바꾸는가

김탕 송수연

#디지털기술
#4차산업혁명
#온라인
#AI

지난 20년간 정보통신과 네트워크 기술의 발달은 문화예술교육을 다른 차원으로 옮겨놓았다. 컴퓨터와 온라인 활용에서 가상현실, 증강현실, 메타버스, AI까지 방식과 수준도 매우 달라졌다. 빠르게 변화하는 기술의 발전 속에서 문화예술교육은 무엇을 화두로 삼아야 할까? 새로운 기술에 대한 막연한 기대나 두려움을 넘어서 문화예술교육이 추구해야 할 목표는 무엇이어야 할까? 오랫동안 기술 기반 예술 활동을 해온 기획자와 예술가의 이야기를 들어보자.

김탕 2010년 초반 미국 오바마 행정부에서 백악관에 아이들을 초청하여 'STEM(Science, Technology, Engineering & Mathematics의 약칭)'이라며 매우 다양한 도구를 가지고 작동 원리를 배우게 했다. 그게 우리나라 미디어에 소개되면서 과학기술, 엔지니어링 등이 교육 프로그램으로 조금 더 자연스럽게 다가오게 되었다. 그런데 그 뒤에 예술을 집어넣은 'STEAM(Science, Technology, Engineering, Arts & Mathematics의 약칭)' 교육이라는 표현이 나왔다. 이런 포괄적인 용어가 그 당시에 유행처럼 느껴졌다. STEM 교육이 출발하게 된 배경은 미국의 작업실 문화, 차고garage 문화에서 시작되었기 때문에 우리와는 환경이 무척 다르다는 생각이 들었다. 환경은 제외하고 콘텐츠만 가지고 와서 교육 프로그램을 운영하는 것이 좀 막막했다. 그 당시 이러한 상황을 어떻게 바라보셨는지 궁금하다.

송수연 STEM 교육에 대해 알게 된 것은 메이커 문화를 접한 후였다. 당시 나는 문화단체 활동가로 문화기획과 문화예술교육 프로그램을 기획했다. 당시 문화예술교육은 유연한 변화의 시기였고, 특히 영상미디어 교육이 확장되고 있었다. 2011년, 독일로 문화교육을 공부하러 간 친구가 해커 스페이스와 해커 문화를 소개해주었고, 기술을 놀이로 접근하는 방식과 공간에서 벌어지는 활동들에 흥미를 느끼면서, 점차 기술 문화와 공간에 관심을 두게 되었다. 돌이켜보면, 당시의 환경이나 상황보다는 문화예술교육에 무엇이 더 필요했을지를 다시 질문해보고 싶다.

지금의 디지털 기술과 관련해서 살펴보면, 2007년에 아이폰이 출시되고, 2010년 전후로 페이스북 같은 소셜미디어 사용이 가져온 변화가 있다. 미디어의 변화, 디지털 플랫폼과 도구가 확장됐던 시기, 클라우드 시대의 시작이었다. 그때부터 사람들이 올린 텍스트나 이미지가 데이터가 되어 지금의 AI 기술로 이어졌다. 그렇다면 이러한 변화 속에서 새로운 기술 리터러시가 필요했을 것이고 문화예술교육이 이를 어떻게 받아들이고 연결할 것인가에 관한 질문이 필요했을 것 같다. 디지털 전환의 시기에 정부 주도의 STEM 교육과 메이커 문화의 부흥을 만들었고, 이를 기반으로 다양한 커뮤니티가 형성되었으며, 문화예술교육 콘텐츠 개발과 학교 안팎에서의 여러 실험이 있었을 것이다.

김탕 그때 한국에서 디지털 기술 또는 디지털 미디어가 본격적으로 다뤄졌다기보다는 어떻게 무엇을 해볼까 시도했던 시기라고 본다. STEM 교육으로 인해 어떤 도구나 장치가 어떤 메커니즘으로 움직이는지, 대표적으로는 컨트롤러 격의 아두이노Arduino 나 교육용 컴퓨터 라즈베리파이Raspberry Pi 같은 것들이 본격적으로 교육에 들어오기 시작하고 교육용 컴퓨터 등이 소형화되었던 시기와 맞물린 것이다. 그러니까 디지털 기술과 도구가 결합하면서 상당히 재미있는 방향으로 흘러가기 시작했다. 각종 콘퍼런스와 아동 청소년 교육 프로그램에서 만들어진 작품이 온라인에서 회자되기 시작했던 시점이다. 본격적으로 이게 되게 재미있고 신기한 도구라고 인식되는 게 2010년대 후반이고, 문화예술교육에 흡수되어 자리잡기 시작했다. 콘텐츠를 가지고 온 것은 좋았으나, STEM 교육이 시작된 미국과 달리 우리는 그걸 탄생시킬 수 있는 환경을 고민했는지 아쉬움이 여전히 남는다. 그래서 제가 디지털 기술 작업을 하면서 동시에 어떻게 작업실 환경을 만들지 실험하고 시도했다. 게임 회사와 같이 작업 공간을 세팅한다거나, 어떤 환경 속에 존재하는 청소년이 창의적인가 하는 물음을 지속해왔다. 창의적인 환경 속에 놓여 있는 피교육자들은 창의적인 발상을 할 수 있다. 그러니까 창의적인 환경을 많이 만들면 창의적인 사람이 만들어질 확률이 훨씬 높아진다는 것이다. 그 안에 어떤 도구나 장비를 넣고 어떤 예술가가 같이하는지에 따라서 정말 다른 방식으로 교육이 만들어질 수 있다. 그런데 디지털 미디어나 디지털 기술, 과학융합 교육, 새로운 도구 또는 매체로써 결합하는 2010년대에 우리는 환경보다는 콘텐츠와 커리큘럼, 소프트웨어 중심으로 움직였던 게 여전히 아쉬움으로 남는다.

송수연 말씀하신 내용이 교육 현장에서 조금 더 질문과 활동으로 드러나는 시기가 정부의 4차산업혁명 기조에 따른 영향으로 보인다. 매우 짧은 시간이었지만, 메이커 스페이스 공간

지원이 있었고, 공공도서관 같은 곳에 작은 메이커 스페이스를 조성하기도 했다.

김탕 그것도 조금 아쉽다고 생각하는 게, 어쨌든 STEM에서 출발하면서 메이커 스페이스는 자연스럽게 연결되어온 것이다. 그러니까 우리집 창고에 장비를 구비할 필요 없이 창의적인 뭔가를 만들고 싶은 욕구가 메이커 스페이스에서 샘솟는 거다. 하지만 메이커 스페이스만 따로 존재할 때 작업하기는 쉽지 않다. 그렇게 보면 우리는 지금도 여전히 콘텐츠 중심으로 사고하는 경향이 있다.

송수연 교육 공간, 환경은 매우 중요하다고 생각한다. 서울만 해도 워낙 임대료가 높기 때문에 공간을 자율적으로 만들기 어렵다. 예전에 문래동에 있는 예술가들의 작은 스튜디오에서 동네 아이들을 대상으로 교육 프로그램을 해보려고 시도했던 적이 있다. 예술가가 만드는 공간이 분명 아이들에게 새로운 환기와 자극을 줄 거라고 생각했는데, 철공소 내에 작가 스튜디오가 있어서 아이들이 오기 위한 이동 경로나 안전 문제 등 여러 가지 제약이 있었다. 결국은 그런 것들이 해결되지 않아 예술가들이 다른 공간에 가서 했다. 당시 문화예술교육에서 공간이나 환경이 주요한 이슈로 올라온 경우는 드문 것 같다. 공간 지원을 해도 일시적이기 때문에 운영의 안정화에 어려움이 있었다.

유행과 신조어에 따라갈 필요 없다

김탕 미디어에서 새로운 용어가 등장하면 그걸 교육 프로그램으로 만들어달라는 요구가 넘쳤던 시절이 있었다. 2010년 초반에는 소셜미디어의 정체에 관해 얘기해달라는 강좌가 엄청나게 들어왔었다. 소셜미디어는 배우는 게 아니라 그냥 쓰면 되는 거라고 말해도 자꾸 알려달라는 거다. 그중 하나가 메타버스다. 제가 보기에 메타버스는 소셜미디어랑 똑같다. 그냥 하면 된다. 그런데 교육 프로그램 안에 메타버스가 들어갔으면 좋겠고, 작품은 NFT로 하면 좋겠다고 하더라. 그런데 요즘 NFT는 거래량이 0으로 수렴했다. 그러니까 NFT 교육 얘기가 싹 없어졌다. 그런데 이게 유행할 때는 이것을 교육 콘텐츠로 다룰 필요가 없다는 말이 아예 안 먹힌다. 선생님은 그런 경험이 없으신가? 나는 이걸 설득하기가 너무 어려웠다.

송수연 교육 프로그램 섭외나 제안을 받을 때, 먼저 '언메이크랩'의 활동을 잘 이해하고 있는지 확인한 후, 공통의 관심사가 있으면 참여한다. 언메이크랩은 주로 데이터세트data set나 기계학습을 다루어왔고, ChatGPT가 나왔을 때 언어 모델을 만드는 등 다소 앞선 주제를 탐구하기도 했는데, 교육 프로그램에서 중점적으로 고민하는 것은 잘 가르치고 잘 배우기보다는 왜 이런 기술이 나왔고 그것이 지금 무엇과 연결되어 있는지를 살펴보게 한다. 선생님께서 말씀하신 것처럼, 교육 현장에서 이러한 기술을 단순하게 소비하려는 요구가 많아지는 것을 주변 현장에서 많이 봤다. 문화예술교육 현장은 정책 기조의 영향을 받을 수밖에 없고, 그래서 많은 문화예술교육가가 새로 만들어지는 언어나 개념을 익혀야 하는지 계속 고민하는데, 그런 흐름은 일시적인 유행처럼 한순간에 일어나고 흩어진다. 예를 들면 2013~2014년부터 미디어아트 분야에서는 메이커 문화에서 다루는 여러 가지 오픈소스 보드를 작업의 맥락에서 자연스럽게 다루었다. 이후 문화예술교육 현장으로 확산되면서 키트로 제품화되어서 널리 활용되었고, 그러다 갑자기 코로나19로 인해 대면 활동이 중

단되면서 공간에서 이루어졌던 제작 행위도 온라인으로 다 옮겨갔고, 그 과정에서 현장에서 형성되었던 에너지들이 싹 사라지는 것을 보았다.

김탕 맞다. 앞으로도 이런 일은 계속 일어날 거다. 새로운 조어造語가 등장했을 때, 사람들이 거기에 너무 휘둘리는데, 굳이 그럴 필요 없다고 생각한다. 한편, 유행처럼 사라지지 않을 말 중의 하나는 'AI' 같다. 왜냐하면 앞으로 우리 실생활과 아주 밀접하게 관계를 맺을 것이기 때문이다. 물론, AI와 관련한 아카데미가 이미 있고 좋은 교육 프로세스를 갖고 있다. 그런데 이걸 문화예술교육에서 어떻게 해석할지는 좀 다른 문제다. 이것을 창작 도구로서 적합하게 받아들이는 것은 썩 괜찮은 방법이고, 필요한 일이라는 생각이 든다. 그런데 단지 창작 도구로서만 받아들이는 것보다는 그게 어떤 배경을 통해서 이 사회에 등장했는지, 그리고 이걸 배움으로써 파생된 지식은 무엇인지, 조금 더 통합적으로 사고할 수 있게 해주는 것도 문화예술교육이 해야 하는 역할이라고 본다.

송수연 미리 주고받은 질문 중에 문화예술교육에서 기술을 산업의 부산물, 제품과 도구를 잘 다루는 리터러시 literacy 로만 다루는 데 그치지 않았는가 하는 말씀에 동의한다. 기술 리터러시에 대한 해석의 층위가 매우 다양해야 한다고 본다. 물론 도구를 잘 다루면서 기술 메커니즘을 이해하는 건 기본이다. 제 주변의 활동은 도구나 툴 중심의 교육은 좀 넘어서고 있다고 생각하는데, 기술을 비평적으로 다루는 접근은 여전히 부족하다고 본다. 그 이유 중 하나가 과학기술을 문화나 사회와 연결해서 보는 리터러시가 없어서 예술과 만났을 때도 한계가 생기는 게 아닌가 싶다. 과학기술이 발전하는 이유나 만든 사람들의 세계관을 들여다보는 것도 무척 흥미롭다. 서구의 과학기술은 그냥 단순한 지식 생산의 도구만은 아니었다. 군사문화와도 연결되고, 자원의 착취도 있고, 권력을 위한 도구로 작동하기도 했다. 이런 것을 거쳐서 읽어야 과학기술에서 부재하고 누락된 게 무엇인지 보인다. 그런 것들을 예술교육의 방법론과 결합하면서 은유적으로 상상하면 흥미롭게 접근할 수 있을 것이고, 그 역할들이 순환하는 관계로 만들어질 수 있지 않을까.

김당 기술이 삶에 영향을 주는 정도가 아니라 전반적인 삶의 방식 자체를 바꾸기도 한다. 예시로 지금은 흔히 보는 유리가 15세기에는 한정적 생산이었기 때문에 스테인드글라스를 만들거나 귀족만이 소유했는데, 20세기에 공장을 통해 판유리가 만들어지면서 대중적으로 쓰이기 시작했다. 유리창으로 집안에 햇빛이 들어오기 시작하면서 감염병이 확 줄었다. 우리가 사용하는 도구와 환경이 어떻게 우리 삶에 영향을 주고 있는지 교육 프로그램을 통해서 정확하게 알 수 있어야 하고, 전반적인 산업구조를 바꾸기도 한다는 맥락도 같이 봤으면 좋겠다.

몇 년 전에 어린이 청소년과 예술가들이 작업실에서 미디어아트부터 각종 도구를 놓고 뭔가를 하는 시간을 만들었다. 그런데 아이들이 가장 신기해하고 가장 오래 머무른 것은 도르래였다. 도르래를 하나 놨을 때, 두 개 놨을 때, 역방향으로 한 번 꼬았을 때, 힘을 주는 방법이 너무 다르다는 것을 아이들이 몸으로 느꼈던 거다. 물론 그걸 컴퓨터로 코딩하고, 물리엔진을 사용해서 계산해낼 수 있지만, 그건 시각적이다. 그런데 무너진다, 떨어진다, 된다, 안 된다를 내가 직접 느낀 것에 아이들이 너무 신기해했다. 그러면 질문이 끊임없이 나온다. 저는 그런 질문을 할 수 있게 해주는 환경이 창의적인 작업을 도와준다고 생각한다. 도구로서의 미디어, 디지털로 받아들이면 그런 환경에서는 굉장히 다양한 또는 창의적인 작업을 만들어낸다. 그런데 그런 기본적인 것들을 무시하고 콘텐츠만 가지고 오는 것은 지양했으면 좋겠다.

송수연 왜 이렇게 콘텐츠만 이식해오는지 생각해보면, 전반적인 문화예술교육 환경, 사회 환경의 영향인 것 같다.

김땅 환경을 얘기하니까 생각나는 게 있다. 한 15년 전쯤에 초등학생인 친구 딸내미가 줄넘기 학원에 갔다고 해서 빵 터졌었다. 줄넘기를 배우러 학원에 다니느냐고 엄청나게 웃었다. 몇 달 전에는 강의하러 청년센터에 갔는데, 강의실을 찾느라 여기저기 둘러보니 '스몰토크 실습'이라고 쓰여 있는 강의실에 청년들이 쭉 앉아서 뭘 적고 있었다. 그걸 보면서 갑자기 15년 전과 확 연결되면서 여러 생각이 들었다. 그러니까 줄넘기를 학원에서 배운 어린이가 자라서 스몰토크 small talk(가벼운 대화)도 배워야 하는 문화적인 환경 속에 살고 있는 것 아닌가.

세계는 연결되어 있다

송수연 문화예술교육 생태계를 거대한 지도로 본다면, 그 안에서 누락되거나 간과된 것, 축소된 것은 무엇이고, 무엇을 추가하거나 보완할 수 있을까? '아르떼365'가 시작된 시점은 문화예술교육이 본격화된 시점과 비슷할 것이다. 그동안 사회는 진보하기도 했고, 문화예술교육도 단순히 장르에 머물지 않고 다양한 지식과 경험을 축적해왔다. 이를 받아들인 세대가 지금의 20, 30대인데, 이들의 생각이나 감각을 마주할 때 뭔가 당혹스러움을 느낄 때가 있다. 모두가 열심히 문화예술교육을 하면서 많은 청소년을 만났는데, 성장한 그들이 왜 학원에서 스몰토크를 배우고 있을까. 우리가 뭔가 놓친 게 있는지 생각해볼 수 있을 것 같다. 또한 문화예술교육에서 소수자나 장애를 다룬 것도 최근이다. 그러니까 20년이라는 장의 역사에서 시기적으로 매우 늦은 것이다. 왜 그런 것을 더 중심에 두지 못했을까? 이런 지점이 우리가 성찰할 지점이기도 하다. 여기서 기술이 어떤 역할을 할 수 있을지는 좀 부가적인 얘기라고 생각한다.

김탕 원인을 추적하자면 정말 많을 것이다. 경험을 통해서 배우는 것들, 가까이 있는 형, 누나, 동생 또는 윗세대를 통해 유추하게 되는 것이 있는데, 그것을 전부 학원을 통해서 배우는 건 슬픈 일이다. 작업실 얘기도 연결된다. 메이커 스페이스를 만들지 않아도 우리집, 우리 동네, 내가 만나는 사람들과 같이 뭔가 쓸데없는 짓을 하면서 사고 치고 성장하면서 그냥 자연스럽게 창의적인 행동을 하게 되고, 아무렇지 않게 도구로서 디지털 기술을 쓰게 되는 것이다. 학원 가서 배워서 적용해서 검사받고, 문화예술교육 프로그램이 끝나면 모두 똑같은 작품을 만들어 집으로 가져가라는 게 아쉽다.

문화예술교육 생태계를 거대한 지도로 본다는 말씀이 정말 와닿았다. 우리가 간과하는 여러 가지 키워드 중 하나로 '생존'을 꼽을 수 있을 것 같다. 우리는 지금 위기의 시대를 살고 있다. 이 생존 키워드에서 두 가지 지향점은, '기후위기 극복'과 '다양성diversity'을 어떻게 확보할 것인가다. 그런데 기후위기 문제와 디지털 기술 사용은 굉장히 배치될 수 있다. 사람들이 구글링 한 번, ChatGPT 한 번 하기 위해 사용해야 하는 냉각수의 양을 계산하지 않고 그냥 쓴다. 마이크로소프트 사에서는 펜실베이니아에 소형 원자로를 만들겠다고 발표했고, 그게 상업적으로 운영되려면 한두 개가 아니라 여러 대를 짓는 것이다. 그게 무엇을 의미하는지 모르고 디지털 기술을 배우고 사용하는 상황에 대해서 생각해보면 좋겠다. 디지털 기술, 디지털 미디어를 적극적으로 받아들이는 사람은 감각적으로 생존 키워드, 특히 기후위기라는 키워드를 잊지 않아야 한다. 제가 2년간 순환랩 프로젝트를 진행했는데, 예술가가 기후위기에 어떻게 대응하느냐도 매우 중요하다. 한 7, 8년 전쯤인가 이 모순을 느꼈다. 중국 공장지대에서 나오는 중금속 때문에 중국발 황사가 심각하다는 뉴스가 나오길래 공기청정기를 하나 샀다. 그런데 이게 '메이드인차이나made in China'였다. (웃음) 내가 안전하고 좋은 공기를 마시기 위해 훨씬 더 많은 중금속을 만들어내는 데 일조하고 있다는 것을 메타인지metacognition, meta認知적으로 바라봐야 한다.

송수연 디지털은 보이지 않는, 비물질적인 것이지만, 컴퓨터에 입력하고 출력하는 과정 자체가 물질적인 실체를 가진다는 점을 교육에서 강조해야 한다. 저도 최근에 아마존이 소형원자로 부지에 데이터센터를 만들겠다는 기사를 본 적이 있다. 많은 사람이 원전에 반대하고 있는데, 전기 에너지를 감당하지 못하니까 결국 이러한 방향으로 가고 있는데, 디지털 기술의 급속한 발전이 이러한 흐름을 촉진하고 있다. 기후위기는 더이상 미룰 수 없는 이슈이고 시기적으로 너무 늦게 다루는 상황이기 때문에 더 예민하게 봐야 한다.

김탕 얼마 전에 연극을 보러 갔는데, 내가 지금 연극을 보는 건지 영화를 보는 건지 하는 생각이 아주 오랜만에 들었다.

디지털 기반 예술교육과 상관없이 기술과 예술의 융합conver-gence 역사는 훨씬 길고, 정말 자연스럽다.

새로움을 좇기보다 비판적으로 연결한다

김탕 디지털과 관련하여 '창의성'이라는 말이 빠지지 않는 이유를 고민했던 적이 있다. 창의력이 어떻게 만들어지는지 얘기해달라는 제의도 많았는데, 처음 듣는 단어, 생소한 개념을 쓰니까 창의적일 거라고 많이 오해하는 것 같다. 그러니까 창의력, 창의성은 없던 것을 새로 만드는 것이 아니라, 따로 존재하는 것, 연결될 수 없었던 것을 연결하는 힘이다. 어떤 예술가가 자신이 표현하고 싶은 작품세계를 더 풍부하게 하려고 디지털 기술을 수용하는 것은, 별것 아니고 자연스러운 것이다. 그런데 이게 없던 개념, 새로 나온 용어이다보니까 창의적이라고 착각하는 것뿐이다. 그래서 디지털 기술을 다루는 것이 창의적인 작업인가 묻는다면, 예술 작업을 하는 것 자체가 이미 창의적인 일이라고 답하고 싶다.

송수연 저도 같은 생각이다. 창의성은 없는 것을 만들어내는 게 아니고, 있는 것을 다시 보는 것이라고 생각한다. 기술 교육에서 중요한 점은 기술을 비판적으로 보는 것인데, 비판적으로 본다는 건 부정하는 게 아니고, 이 기술이 무엇과 연결되어 있는지를 탐구하는 태도를 의미한다. 생성형 AI가 새로운 것을 만들어내는 듯 보이기 때문에 창의적이라고 여겨진다. 그런데 인간의 창의성과 기술의 창의성을 진부하게 논의하기보다는 기술을 매개로 현재의 세계를 어떻게 다시 바라볼 수 있을지를 질문하는 것이 기술과 예술이 해야 할 역할이라고 생각한다. 어찌되었든, 지금 사회는 너무 빠르게 변화하고 있고, 이 변화 속에서 우리는 단순히 기술을 소비하는 것이 아니라, 그것을 통해 무엇을 다시 생각해볼 수 있을지를 고민해야 한다.

김탕 최근 은퇴를 준비중이지만, 좀더 해야 한다면 위기crisis와 다양성의 문제를 집중적으로 얘기하고 싶다. 그걸 디지털 미디어로 할지, 디지털 기술로 할지, 어디와 매칭해서 어떤 방식으로 할지는 모르지만, 문화예술교육에서 위기의 시대에 관한 이야기를 좀더 본격적으로 다뤘으면 좋겠다. 사람들이 너무 관심이 없다.

"창의성은 없는 것을
만들어내는 게 아니고,
있는 것을 다시 보는 것이라고 생각한다."

-송수연

> "디지털 기술, 디지털 미디어를 적극적으로 받아들이는 사람은 감각적으로 생존 키워드, 특히 기후위기라는 키워드를 잊지 않아야 한다."
> -김탕

송수연 오늘 대화 주제를 '디지털 기술은 어떻게 예술교육을 바꿨는가'가 아니라, 어떻게 바꿀 수 있는지, 서로 어떻게 연결될 수 있는가로 확장할 수 있을 것 같다. 저도 오래전부터 해오고 싶었던 게 학교인데, 우리가 생각하는 일반적인 학교와는 다른 학교다. 어차피 계속 배워야 하는 상황이니, 동료들과 계속 연구하면서 작업하고 교육 프로그램 만들고 싶다는 막연한 생각을 하고 있다.

많은 문화예술교육가가 디지털 기술에 대해 막연한 두려움을 갖고 있는 것으로 보인다. 사회의 변화 속에서 기술을 수용하고 이용해야 하는데, 현장에서는 자신이 시대에 뒤처지는 게 아닌가 하는 불안을 느끼고 있다. 그러다보니 도구나 툴 중심으로 빨리 뭔가를 습득하는 것에 집중하고, 기술을 메타적으로 보지 않는 것이다. 하지만, 기술은 기존에 하던 문화예술교육에서 선형적으로 연결될 수 있다는 것을 이해하면 좋겠다.

예를 들면 요즘 '탐조'를 하는 사람들이 많아졌는데, 이는 단순히 새만 관찰하는 게 아니라 숲을 보고 주변의 자연, 도시의 환경을 보는 것이다. 장르에서 접근하기보다 새(비인간)라는 대상에서 시작하면 생태와 기후 문제로 확장할 수 있는 많은 가능성이 열린다. 새의 관찰을 통해 우리는 더 넓은 세계를 이해할 수 있다. 그리고 새의 모습, 움직임과 소리가 드로잉이 되고, 안무가 되고, 사운드가 되어, 창작이 되고 교육이 된다. 여기에 기술의 활용은 더 다양한 가능성을 만들 뿐이다.

김탕 탐조처럼 좋은 활동이 없다고 생각한다. 탐조에 다양한 기술이 연결될 수밖에 없다.

송수연 맞다. 관찰한 것을 과학적으로 분석하고, 무인 카메라 같은 걸로 사람이 기록하지 않는 것을 포착할 수도 있다. 시민 과학으로 연결되어 새를 찍고 기록한 데이터를 제공할 수도 있고, 그 데이터로 우리만의 '스몰데이터small data'를 만들어서 기계학습을 시켜보고, 내가 보는 자연과 기계가 보는 자연이 어떻게 다른지 생성형 AI에 넣어보고, 다 포괄할 수 있다. 그런 사용 경험이 결국 지금 기술사회가 어떻게 만들어지고 있는지에 대한 질문과 맞닿을 수 있다. 사람들이 원래 하던 거를 버리려고 하지 말고, 더 잘할 수 있고 더 풍성하게 할 수 있는 방법에 대한 접근을 많이 했으면 좋겠다.

김탕 탐조에는 정말 다양한 기술력이 들어간다. 새를 부르려면 제일 먼저 필요한 것은 물그릇이다. 새는 깃털 청소를 해야 하니까. 여기서부터 출발해서 광학 키트로 망원경을 만들고, 야생동물을 촬영하려면 센서를 이용해야 하고, 쭉 이어진다. 그러니까 기획자가 기술 교육을 잘하기 위해, 또는 AI를 잘 배우기 위해 탐조를 해야 한다고 말하면, 그게 어떤 교육적 함의가 있는지 따지기보다 충분히 신뢰하고 경청할 필요가 있다. (웃음) 모든 기술력은 지금껏 해온 행동의 총합이라고 보면 좋겠다. 그런데 기술교육과 예술 장르를 구분하는 순간, 우리가 하려는 문화예술교육의 목적을 잃어버리게 되는 것 같다. 순환랩에서 중요하게 생각한 것은 '복원resilience'이다. 그런데 이 순환구조를 예술교육이 끊어버리지는 않는가. 페트병에 접착제를 붙여서 재활용하지 못하게 만들어놓고, 이를 재활용 예술이라고 부르는 사례가 많았다. 이러한 방식이 주는 메시지가 무섭게 다가왔다. 장비를 사용할 때도, 그것이 과연 인류가 가진 기술로서 적합한가를 고민하며 논의하는 것이 필요하다.

송수연
미디어아트 작가 및 기술문화 연구자. 언메이크랩unmake lab의 일원으로 활동하고 있으며 특히 인터페이스와 센싱, 데이터의 흐름을 통해 소통하는 기술적 사물에 관심을 가지고 작업하고 있다. 기술을 다루는 과정이 창의적이고 비판적 접근이자 사회를 매개하는 생각과 실천으로 확장되는 것에 관심을 가지고 연구 및 교육 활동을 하고 있다.

김당
사진 찍고/드로잉하고/잡지 만들고/전시기획하면서 산다.

> 페이퍼컴퍼니어반 큐레이터
> 사)유스보이스 수퍼바이저
> 전 아트포텐즈 디렉터
> 2021, 2022 순환랩 디렉터

창작과 실천 사이의 도전

예술교육가의
무궁한 가능성을 위하여

서지혜

김현주

#예술가
#R&D
#발전
#전문인력
#예술교육

> 문화예술교육은 삶과 예술의 경계를 허물고, 사람들에게 새로운 가능성을 열고 변화를 시도하게 한다. 문화예술교육 속에는 예술교육가라는 심장이 뛰고 있다. 예술가이자 예술교육가로서, 매개자이자 실천가로서 힘을 잃지 않으려면 어떻게 해야 할까. 급격하게 변하는 환경 속에서, 길을 잃지 않고 앞으로 나아가기 위해 어떤 자세를 취해야 할지 이야기 나누었다.

서지혜 저는 실천을 촉매하는 역할을 주로 한다. 예술가를 멘토링하거나 엮어주고, 때론 기획하기도 하지만, 주로 연구와 컨설팅을 한다. 기관의 정책이나 사업, 프로그램을 연구하고 컨설팅하다보니 항상 당위적인 얘기를 하는데 구체성이 결여된 느낌이 들고, 내가 사는 곳에서라도 뭔가를 해봐야 할까 싶기도 하지만, 현실에서는 그럴 틈이 도저히 나질 않는다. 그래서 지역에서 실천하는 예술가들은 예술과 삶을 어떻게 병행하는지, 어떤 미션을 갖고 있길래 그렇게 할 수 있는지 최근에 더 궁금해졌다.

김현주 연구자와 매개자, 관찰하고 정책화하는 분들과 현장에서 실천하는 예술가 모두 다 매우 필요한 존재다. 예술가들은 현장에 있기에 바깥을 보기 어려울 때가 많고, 본인이 하던 것에 집중하다보면 때때로 구슬은 많은데 그것을 꿰지 못할 때가 있다. 지역이라는 현장은 일종의 생물처럼 계속 변화하는 곳이다보니 그 변화를 계속 관찰하지 못하면 기름처럼 뜰 때가 있다. 지역에서 어떤 예술 프로젝트를 한다는 것은 지역 생태계를 기반으로 하는 것이지 어떤 다른 것을 갖고 와서 하는 것이 아니다. 예술교육의 경우도 어떤 사람과 어느 장소인지가 중요하더라. 그걸 기반으로 내가 하고자 하는 프로젝트를 구체화하는 건 그다음 단계인 것 같다. 그래서 예술 창작이든, 교육 프로젝트든 지역에서 할 때는 변화하는 것들과 맞춰가야 하고 계속 보고 있어야 하니까 생각보다 물리적 시간도 많이 써야 한다.

지역에 뿌리를 두고, 현실을 마주하며

서지혜 현장에서 사람과 장소를 기반으로 예술 활동을 한다는 것은 끝없이 계속되어야 하는 작업이다. 그런데 프로젝트로 하기에는 예산과 시간에 한정이 있고 내 삶도 계속 움직여야 하니 여기에만 머무를 수가 없다. 무한대일 수 있는 걸 어떻게 가늠하고 관리하느냐에 관한 질문이 생긴다. 동시에 예술가는 그 과정적 작업의 결과물로서 전시도 한다. 그러다보면 과정에 중심을 두다가도 역으로 결과를 중심에 두고 하는 활동이 생길 수밖에 없지 않나. 인간으로서 가질 수 있는 자원은 한정적인데 이런 갈등을 어떻게 조율하면서 살까 하는 생각이 많이 든다.

김현주 모든 예술가가 쉽지는 않을 것이다. 단기, 장기 프로젝트를 10년 이상 다양하게 진행해본 경험으로는, 단기로 진행하면 지역 주민과 관계 형성도 어느 정도 되고 리서치도 되지만, 그다음 단계로 이어지지 않는다. 아무도 그것을 지속하지 않는 것이다. 재단이나 기획자도 책임지지 않는다. 이런 점이 현실적으로 답답했고, 이렇게 하고 싶지 않다는 생각이 들었던 것 같다. 물론 이벤트성의 단기 프로그램이나 일시적인 예술 활동도 충분히 의미 있다. 단기 프로젝트가 '체험'이라면 장기 프로젝트는 '경험'을 통해 보이거나 보이지 않는 변화를 만들어낼 수 있다. 지속과 반복을 통한 루틴이 사람의 몸과 마음을 변화시킬 수 있고 이것이 기반이 될 때 지역문화가 만들어진다. 나와 지역의 변화를 경험하기 위해서는 프로젝트의 '한계점'을 밖에 두는 것이 아닌 나 자신한테 두고 주체화되는 과정을 실험할 필요가 있다. 그래서 빼뻘 프로젝트도 '내가 시작한 예술 프로젝트는 내가 끝낸다'라는 생각으로 지금까지 하고 있다. 주변에서 언제까지 할 건지 질문을 많이 하는데 끝을 생각해보지 않았다. 예술가는 좋은 기획자를 만나서 너구리처럼 변신하고 다른 새로운 것을 만나 변화하고 발전해야 하는데, 동네에만 있다보니 외부와의 연결고리가 필요하다고 느낄 때가 많다.

서지혜 삶에는 자신의 작가적 커리어나 생존을 위한 활동처럼 여러 결들이 같이 가야 하지 않나. 빼뻘 프로젝트를 보면 많은 부분을 헌신하고 감수하면서 가는 작가적 활동으로 보인다. 그런데 혼자 하는 작업은 아니지 않나. 동참하는 동료가 있어야 한다. 시작은 나와 같은 마음으로 했지만, 중간에 어떤 이유로 도태될 수도 있고 본인의 의지로 나갈 수도 있을 것이다. 이런 과정에서 그것을 지켜내는 힘이 궁금하다.

김현주 예술적인 방법과 시도 안에는 사랑이라는 질문이 내재되어 있는 것 같다. 예술이나 예술교육에서 소통을 많이 말하지 않나. 그런데 예술적 소통은 무엇일까, 간절한 소통은 무얼까에 대한 답은 나오지 않는다. 그렇지만 계속 활동하다보면 그 안에서 시도하면서 변화하는 자신에 대한 경험, 프로젝트로 관계 맺은 사람들, 그 사람들 속에서 경험을 맞이하다보니까 프로젝트를 완성했다고 끝이 아니더라. 삶에 휘말리지만, 질문을 잃은 채로 살고 싶지 않다. 소통과 사랑에 대해 여전히 모르지만 우리는 프로젝트를 통해 여전히 질문할 수 있다.

빼뻘에서 공공예술 프로젝트로 기금을 많이 받은 적이 있다. 장소가 변화하면 사람들의 생태계도 변화할 수 있다는 생각에, 이때다 싶어 마을 초입에 지저분하게 방치된 공간을 바꿔보고자 했다. 동네를 거쳐간 사람들이 버린 각종 쓰레기와 가구, 폐타이어, 망가진 오토바이, 이불 등이 버려진 공간이었다. 이 공간이 유일하게 종중宗中이나 국방부 땅이 아니었기 때문에 공공의 장소로 활용하기에 적합했다. 마을 초입에 위치한 이곳을 마을 역사를 안내하는 안내소이자 쉼터로 전환해보고자 했다. 쓰레기도 치우고 기울어진 전봇대도 이전하고, 민간인이었다면 아마 생각조차 못 했을 일이었다. 그런데 예술 프로젝트로 인해서 공간에 대해 깊이 생각하고 오히려 삶과 가까운 불편을 해소하기 위해 전혀 예술적이지 않은 다른 것을 시도하는 것이 신기하고 재미있었다. 작품 결과로 드러나지 않는 지난한 소통의 여정에 많은 시간과 노력을 쏟아야 하지만, 삶과 엮인 장소에서 시도되는 예술은 스튜디오에서 경험하지 못하는 사람, 장소라는 실체를 몸으로 체득하게 된다.

서지해 그 지점에서 저는 선생님이 예술가면서 매개자라고 느꼈다. 모든 예술가가 매개성이나 매개적 역량을 가질 필요는 없지만 적어도 공공예술을 하거나 예술교육적 실천을 하려면 매개자의 태도와 역량이 필요하다고 말하고, 그와 관련한 교육도 많이 한다. 그런데 여러 예술가와 작업해보면 매개자의 역량을 A부터 Z까지 갖춰야 한다고 얘기하기에는 와 닿지도 않고 사람이 변하기가 쉽지 않다는 것을 느낀다. 그런데 음악 분야에서 변화한 사례를 보면, 딱 선생님과 일치되는 면들이 있다. 궁극적인 목적이 본인에게 있다는 것이다. '꿈의 오케스트라' 사업을 예로 들면 이 프로젝트에 참여한 음악가는 음악적 기량만 높여주면 되는 다른 개인지도와는 달리 참여자인 아이와 그 가족의 삶과 맞닿게 된다. 선생님이 전봇대를 옮겼던 것처럼, 이전에 하지 않았을 법한 일을 하게 되면서 매개자로 전환되는 것을 본다. 그런데 그게 어디까지 가야 할까. 음악가로 오케스트라에 참여할 경우, 보통은 기획자나 스태프가 의자를 배치한다. 하지만 꿈의 오케스트라에서는 의자를 놓는 것부터 모든 걸 다 해야 한다. 태도가 바뀌는 건 좋은 변화일 수 있다. 그 말은 누군가의 필요가 나의 눈에 들어오고, 누군가 하겠지가 아니라 내가 해야 하는 일로, 사람들이 같이 움직이게 하는 매개자의 역할을 본인이 하게 되는 변화들이다. 그런데 이걸 모든 예술교육 현장에서 당위로 얘기할 수 있는가, 그건 어려운 일인 것 같다. 사회문제를 변화시키는 활동은 정말 다양한 이해관계자와 결부된 일 아닌가. 궁극적으로 보면 크게 다르지 않더라도 과정상에서 표출되는 것을 다르게 인식할 수 있다. 그렇기에 이해관계자와 계속 소통하고 확인시켜주면서 같이 움직여야 하는 것이 너무 당연하다. 그럼에도 이해관계자에게 나는 어디까지 기대해야 하는지, 아니면 함께 발맞춰갈 수 있도록 내가 변화하고 유연하게 하는 것이 매개자의 책임인지, 이 선을 어디에 두어야 하는지 결정하는 것이 항상 고민이다. 그래서 선생님의 고민이 너무 와닿았다. 수없이 부딪치는 시련뿐만 아니라 여러 이해관계자를 만나고 계실 텐데, 매개자로서 전봇대 뽑는 일 말고도 어디까지 내가 해야 할지 나름의 선이 있나.

김현주 내가 생각한 예술은 정답이나 옳고 그름을 제시하는 것이 아니라 어떤 방향이 좋을지 같이 한번 얘기를 해보자는 것이다. 지역에서의 예술 활동은 대응이 아니라 대화하고 싶다는 요청이다. 대화를 통해 서로의 입장과 아이디어를 교환하고 더 나은 선택의 과정을 만들어보자는 것이다. 예술만큼 부드러운 게 없기에 대화를 원하는 예술가가 먼저 관심의 눈과 귀를 열어야 한다. 그런데 종종 귀를 닫고 있는 사람이 예술가인 나 자신일 때도 있다. 예술가도 종종 우물에 빠져 있을 수 있다. 그럴 때는 내가 고민하는 것들을 밖으로 소문내고 같이 웅성거릴 수 있는 사람들을 찾아야 한다. 그것이 기획자의 역할이기도 하다.

지치고 힘들어도, 예술가

김현주 두레방은 기지촌 여성 활동의 자활을 돕기 위한 상담소이자 기지촌 여성들의 쉼터이고 서로의 삶을 돌보는 커뮤니티 공간이다. 두레방 여성들을 참여자로 교육 프로젝트를 꾸린 적이 있는데 제목이 '친애하는 나와 너, 우리의 오늘'이었다. 대다수가 노년 세대의 여성이었는데, 이분들의 몸과 정서로 교감할 수 있는 예술 활동이 필요했다. 그래서 기량 있는 예술가보다 이분들에 대한 이해를 바탕으로 공감대를 형성할 수 있는 기지촌 여성 활동가로 일했던 분을 섭외했다. 이분의 장점을 프로그램에 구체화하여 참여자와 소통했던 경험이 꽤 좋은 기억으로 남아 있다. 매개자란 커다란 그림 안에서 동행하는 도반의 매력을 관찰하며 이를 새로운 시도로 발현할 수 있도록 '좌표'를 그려내고, 새로운 관계를 맺기 위한 시도를 이어나가는 존재라고 생각한다.

서지혜 요즘은 기업에서 문화를 바꿀 때 예술적 개입을 한다. 비예술적인 영역과 일할 때, 예술기획자와 매개 역량이 있는 예술가가 있어도 비예술 영역의 매개자가 너무 중요하더라. 말씀하신 활동가도 예술계가 아닌 커뮤니티 안에서 매개자로 존재하기 때문에 결합이 확실히 달라질 수 있는 것 같다. 그런데 이런 매개자 없이 진행하는 환경이 대부분이고, 그만큼의 한계가 생기는 것 같다.

김현주 예술교육에서 교육 참여자만 중요하다고 생각할 때가 많다. 그런데 교육 참여자도 중요하지만, 교육 프로그램을 같이 이끄는 예술교육가도 중요하다. 예술교육가도 자기 안에 있는 예술성을 예술교육 활동으로 불러일으킬 수 있는 과정이 되어야 한다. 마치 공장 노동자처럼 짜인 프로그램을 여기저기에서 반복하는 것이 아니라, 예술교육가가 현장의 고유성을 발견하고 이에 맞춰 새로운 상호작용을 하기 위한 변신과 시도를 일으킬 수 있도록 사색의 과정을 제안하고 직조하는 사람이 기획자이기도 하다.

서지혜 그런 면에서 예술교육은 예술이 아닌 교육이 만들어 놓은 틀에 맞춰서 보증할 수 있는 안전성을 확보해온 것 같다. 악기를 연주하는 기량을 높이거나 그림을 좀더 잘 그릴 수 있게 하기에는 교육 방법론이 맞을지 모르겠다. 하지만 예술교육은 참여하는 학생이 감응하면서 무엇이 될 수 있는지 같이 찾아가는 과정이어야 한다. 예술교육가를 온전히 믿어주지 않고서는 공공기관과 교육제도 안에서 그러한 자유로움을 확보할 수 없는 구조다. 촉발적이고 진화적인, 상호적인 작업으로서의 예술교육은 어떻게 보장받고 실현할 수 있을까. 이것은 정말 큰 과제로 남아 있는 것 같다. 아직 그런 모델이 공식화된 사례는 못 본 것 같다. 때때로 담당자와 예술교육가 사이에서의 신뢰를 기반으로 시도되는 현장들은 있지만 말이다. 선생님처럼 공동체 예술, 공공예술을 하는 과정을 보면서 저것이 진정한 예술교육이라고 느껴질 때가 있다. 그 과정이야말로 서로 구성되는 사람들의 경험과 작가가 촉발하는 것이 같이 움직이면서 경험되는 과정 아닌가. 많은 예술가가 예술과 예술교육을 분리해서 경계 지어놓고 생각한다. 그런데 사실은 예술교육을 붙이지 않아도 모든 예술 작업이 교육적일 수 있기에 예술교육의 범위는 훨씬 넓고, 예술 작업의 상당 부분까지도 아우를 수 있어야 한다. 그러기 위해서 예술교육은 어떻게 다시 이해되고 그 모델이 얼마나 다채롭게 펼쳐질 수 있을까. 정책이나 제도적 측면에서나 개인 작업자로서 다시 정의 내릴 수 있을지 궁금하다.

김현주 예술이 사람들의 정서적 변화, 즉 정서적 복지의 기능을 한다는 것을 경험으로 확신한다. 현재 한국의 복지 정책은 경제적 지원에 초점이 맞춰져 있다. 저소득층에게 물질적 지원은 절대적으로 중요하지만, 지속적인 지원을 받기 위해 노동의 기회를 포기하거나 그것에 의존하여 자립성을 잃는 모습을 보아왔다. 예술을 통한 정서적 복지는 '마음'을 변화시키고 무언가 하고자 하는 '의지'를 심는 일이다. 예술이 복지라는 체계적 제도 안에서 지역공동체와 만나 지속해서 시도한다면 고립과 우울, 자살 등 다양한 사회적 문제를 해소하는 데 큰 역할을 할 수 있으리라 생각한다.

서지혜 지역에서 예술교육을 커뮤니티와 결합하려면 일시적인 프로그램으로는 어렵다. 1년 내내 예술교육실천가로서 지역의 맥락을 함께하면서 존재했을 때 여러 가능성도 생겨나고 다양한 모델도 생길 수 있다. 우리가 지금 하는 예술교육 틀 안에서 짜인 프로그램 외에 어떤 게 가능할지 모를 때 현장에서는 이미 R&D 가 일어나고 있지 않을까 생각한다.

김현주 빼뻘에서 프로젝트를 시작할 때, 주민과 만날 수 있는 거점이 필요했다. 동네에서 유일하게 얻을 수 있는 공간이, 방치된 지 오래되고 창문도 없는, 비가 오지 않은 날에도 천장에 고여 있던 물이 뚝뚝 떨어지는 그런 공간뿐이었다. 이 공간을 얻어 예술로 할 수 있는 다양한 범주의 것들을 시도했다. 공동체 예술 워크숍, 차담, 인터뷰, 주민과 함께 만드는 잔치, 각종 예술 행사에 공간을 활용했다. 함께하는 다른 예술가들이 정말 헌신적으로 애써주었기에 가능했다. 좀더 안정된 지원을 바탕으로 지역에 예술 공간이 거점화된다면, 지역에서 다양한 변화를 만들 수 있을 거다.

실험하고
상호작용하며

서지혜 선생님같이 지역에서 예술교육실천가로서 머물면서 경계를 두지 않고 사람들과 상호작용하는 경우는 어떻게 더 생길 수 있을까? 누구한테 강요하기도 어렵고 누군가 가이드라인을 줄 수도 없지 않은가.

김현주 지역 현장에 매개하는 분들이 많아야 한다. 그렇지만 매개자로서의 삶은 매우 퍽퍽하다. 지역사회에서는 매개자를 필요로 하지만, 현실적으로는 양성하기도 어렵고 매개자로서의 삶을 유지하기도 힘들다. 예술가가 지역사회에서 할 수 있는 역할이 검증됐고 함께할 의지가 있다면, 실험을 지속하여 사례를 만들 수 있도록 해줘야 한다.

서지혜 실험을 할 수 있게 해줘야 한다는 말에 매우 공감한다. 자기 지역에서 같이하고자 하는 예술가를 연결하고 생성되게 하는 과정으로 정책이 구현되어야 한다.

김현주 예술가로서 생계를 유지하기는 매우 어렵다. 정기적으로 예술교육 활동을 하는 분이라면 그나마 형편이 나을 것 같지만, 소위 금수저를 제외한 예술가들이 교육활동가, 기획자, 창작자로만 살아가긴 어렵다. 예술가가 부업으로 생계를 유지하는 건 이미 보편화된 일이다. 사회가 예술가는 꿈을 먹고 산다고 생각하는 것 같다. 예술가가 지역사회에서 다양한 역량을 발현할 수 있음에도 불구하고 그것을 사회적으로 구현할 수 있는 통로가 굉장히 부족하다.

서지혜 맞다. 보통 지역 재단이 그 통로가 되는데, 거기서 또한 문제가 있다. 예를 들면 복지가 시혜적 복지가 되는 것처럼 문화재단도 에이전시의 역할을 하는 것이다. 에이전시의 의미는 두 가지인데 하나는 대리인으로서 에이전시고 다른 하나는 주체적 행위자로서 에이전시다. 문화재단은 이 두 역할을 모두 해야 하는데 현재는 지자체의 대리인으로서 정책을 관리하는 데 머무르는 경우가 많다. 지역에서 가능성 있는 예술가의 실천을 계속 건강하게 만드는 행위자로서 재단의 적극적인 역할이 정말 필요하다.

김현주 독립성이 필요하다.

서지혜 맞다. 지자체로부터 독립성과 전문성이 확보되는 문화재단이 필요하다. 지금은 중앙에서 지역으로 그저 분리된 거다. 현실적으로 지자체와 중앙정부로부터 독립성을 확보하는 것이 어렵다. 예산은 물론 정책 결정, 인사권 등이 정부의 영향 아래 있기 때문이다. 지역 활동의 영속성이나 문화예술 생태계와 단절된 인사나 의사결정이 종종 이뤄지는데, 그러면 그 피해는 예술가, 예술교육가와 함께 뭔가 해보려고 일궈온 주민이 받는 것이다. 그렇다고 문화재단이 역할을 하지 못하는 것을 구조 탓만 하기에는 현장 전문가들 역시 대안을 고민하고 실질적인 움직임을 만들어낼 책임이 있다고 생각한다.

김현주 문화재단의 독립성이 필요하다고 이야기하는 예술가가 더 많아져야 한다. 그런 구조가 얼마만큼 나에게 영향을 끼치는지, 나의 창작 생활을 더 건강하게 만들 우산이 되어줄 수 있을지 예술가도 관심을 가져야 한다. 제가 만난 문화예술 행정가들은 스스로 주체성을 갖고 창의적인 프로젝트를 기획하고 싶어했다. 그런데 기관이 독립되어 있지 않으니 제약이 심했다. 지역의 문화재단에서도 사람 자체가 아카이브다. 지역에서 훌륭한 기획 프로젝트를 하더라도 정책이 바뀌면 그게 쌓이지 않고 사라진다.

서지해 소수이긴 하지만 문화재단이 주체 행위자로서의 에이전시로 작동하는 곳이 있다. 현장의 가능성을 촉발하고 계속 전진할 수 있도록, 문화재단이 전문적인 매개 역할을 하는 데 중앙이 지원해야 한다. 인지해주고 지지해주고, 가능하다면 강화할 수 있도록 하고, 널리 알려주는 역할을 포함하는 지원이다. 오랜 시간이 걸리더라도 이런 공동의 노력이 계속되어야 한다. 제도적·환경적 지원이 없고서는 실천가로서 예술가의 삶이 영위되기 어렵다.

김현주 예술가도 기운을 내야 한다. 정책에 관해 불평만 할 것이 아니라 액션이 필요하다고 생각한다. 필요하다면 정책에도 관여해야 하고 필요한 말을 해야 한다고 생각한다.

서지해 그것 또한 자발적인 연대의 장이 있어야 건설적인 얘기를 나눌 텐데 그런 간담회는 대부분 기관이 만든다. 자발적으로 네트워크를 만들고 목소리를 모아서 어떤 액션을 취할 것인가도 같이 얘기해야 하지 않을까. 네트워크가 필요하다는 당위는 있는데 어떻게 해나갈 수 있을지는 아직도 숙제다. 제가 참여하는 한 예술교육실천가 네트워크는 서로 지지해주고 같이 행복을 찾는 활동 플랫폼으로서 네트워크가 돌아

> "지자체로부터
> 독립성과 전문성이 확보되는
> 문화재단이 필요하다."
> -서지혜

"예술을 통한 정서적 복지는 '마음'을 변화시키고 무언가 하고자 하는 '의지'를 심는 일이다. 예술이 복지라는 체계적 제도 안에서 지역공동체와 만나 지속해서 시도한다면 고립과 우울, 자살 등 다양한 사회적 문제를 해소하는 데 큰 역할을 할 수 있으리라 생각한다."

-김현주

간다. 일단은 위로받을 필요가 훨씬 크기 때문에 목소리를 모으고 내는 것을 이 안에서까지 하기에는 어렵다. 현실에서의 고됨이 크기 때문인 것 같다. 또다른 음악가 네트워크는 활동을 함께 기획하고 실천하는 방향에 초점이 맞춰지고 있는데, 그러다보니 예술단체와 네트워크의 차별점을 어디에 두어야 하는지 고민하게 된다. 지속성을 위한 활동과 네트워크로서 채워야 하는 역할 사이에서 균형을 찾고 있다.

무궁무진한 현장의 가능성

서지혜 어렵게 생성해놓은 거점을 지원하기보다 새로운 거점을 만드는 사업이 많다. 정책 관점에서는 일몰제 적용 논리에 의해서 이미 생성된 거점에만 계속 지원할 수 없고, 자립 구조를 만들라고 한다. 그런데 한국은 비영리적인 문화예술 활동에 자립 구조를 만들 수 있을 만큼 재원이 다양하지 않다. 사실 거점이 운영되는 동안의 역할로도 유익하지만, 지속성이 더 큰 역할과 가치를 만드는 경우를 많이 본다. 일몰제는 일률적으로 끝내라는 게 아니라 공공 예산의 효과적 운영이 핵심인데, 장기성의 가치에 필요한 운영 노력이 부족해 보인다. 가장 좋은 배움터 중 하나가 현장을 만드는 선배다. 그 선배가 공간까지 갖고 있으면 그곳이 또한 인력 양성 거점이 되지 않겠나. 이렇게 현장에 인력 양성을 맡기는 구조가 된다면 충분히 지원할 이유가 되는 것이다. 무엇보다 이런 거점이 있어야 R&D가 가능하다. R&D는 하고 끝나는 것이 아니라 지속해서 실천과 병행되어야 한다. 그래서 중간지대 역할로서 거점이 너무 중요하다.

김현주 거점이 되는 예술 공간은 공공성을 기반으로 누구나 들어올 수 있고 돈을 들이지 않고 놀 수 있는 경험을 갖게 하는 곳이다. 또한 자본주의에 대항하여 인간답게 살아가는 것이 뭔지 끊임없이 사색하며 새로운 경험을 얻게 하는 숨통 역할을 하는 곳이다.

서지혜 그것이 문화다.

김현주 그렇다. 그 지역에 사는 사람들의 문화를 만들고 생성하는 곳. 그리고 기억을 보관해주는 장소. 지역이 가진 아픔이 새로운 사람들이 이주해오면서 변화될 수 있는 경험, 변화

될 수 있는 매개가 필요하다. 빼뻘 마을에 놀러오면 마을을 한눈에 볼 수 있는 건물 옥상에 꼭 데려간다. 미군기지가 있는 장소를 바라보면서 전쟁으로 인한 분단과 휴전중인 국가의 현실을 환기한다. 예술을 통한 산책은 이곳에 처음 온 외부인뿐만 아니라, 경계에 익숙해진 지역민의 삶 또한 환기하게 한다. 그렇기에 내 삶 가까이에 있는 익숙한 장소들을 새롭게 감각할 수 있는 거점 예술 공간이 지역사회에 늘어나길 바란다.

서지혜 정책 사업으로 너무 프로그램화되어 있다고 비판하지만, 사실 그 과정에서 온전히 경험으로 아카이브되어 있는 사람은 예술가면서 예술교육실천가로 살아온 이들이다. 그렇기에 앞으로도 가능성이 무궁무진하다고 생각한다. 이런 가능성을 더 열리게 하는 역할은 예술가나 예술교육가 혼자서 할 수 있는 일은 아니다. 그걸 도울 수 있는 정치가, 시민, 복지나 다른 영역의 매개자가 동료로서 함께한다면 그 가능성을 새로운 방식으로 찾고 행동할 수 있는 시기가 동시에 오지 않을까 하는 바람이 있다.

서지혜

인컬쳐컨설팅 대표, SEM네트워크 설립자 및 전 대표. 예술과 시민의 삶 사이에 의미 있는 접점과 관련성을 형성하며 예술과 예술가가 사회에 미칠 수 있는 영향을 넓혀가기 위해 예술경영과 예술교육, 문화기획, 문화정책 분야를 넘나들며 조력하고 있다. 한국예술종합학교와 숙명여자대학교, 연세대학교에서 후배를 양성하고 있으며, 문화예술교육 웹진 '아르떼365' 편집위원을 지냈다.

김현주

시각미술작가. 아티스트커뮤니티 클리나멘 대표. 독일 카셀종합대학교에서 조형예술을 전공했고 영상, 설치, 퍼포먼스 등 다양한 매체를 넘나들며 존재론적, 사회론적 질문과 함께 낙후되거나 재개발을 앞둔 장소, 혹은 사회적으로 은폐된 장소를 대면해왔다. '빼뻘-시공을 몽타쥬하다' '따스한 재생' 등 다수의 기획전에 참여했다.

물리적 공간을 넘어
시민력이 꿈틀대는 장소로

상상력을 부추기는
문화예술교육 공간

최성규

이영범

#공간
#기반
#거점
#장소
#센터

문화예술교육에서 공간은 단지 사람들이 모이는 곳을 넘어 다양한 상상을 가능케 하고 서로를 이어주는 중요한 역할을 해왔다. 문화예술교육이 이뤄지는 공간은 '꿈꾸는 예술터'처럼 유휴공간을 활용하여 조성된 문화예술교육 전용공간부터 예술가의 아담한 작업실까지 여러 형태가 있겠지만, 물리적인 공간을 갖추는 것은 문화예술교육 거점으로서의 필요조건일 뿐 충분조건은 아니다. 시민과 함께 예술적 경험을 나누는 공간이 갖춰야 할 덕목은 무엇일지 이야기 나누었다.

최성규 미술중심공간 보물섬(이하 보물섬)은 작가 중심 공간으로 시작해서 전시, 연구, 세미나 등이 이뤄지고 최근에는 리서치 활동도 하고 있다. 원장님께서는 건축가로서 도시재생, 커뮤니티 디자인 등에 관심을 두다가 문화예술교육과 연결된 것이 너무 신기했다. 어떤 계기로 시작하셨나.

이영범 건축 중에서도 '사용자 참여 커뮤니티 디자인'에 관심이 많았다. 시민단체에서 커뮤니티 디자인 센터를 만들고 운영하는 활동을 하다보니 사용자 중심의 공간에 관심을 두게 되었고, 사용자의 행위와 공간을 이어주는 공간콘텐츠기획 분야까지 자연스럽게 확장되었다. 그러다 한국문화예술교육진흥원 시민문화예술교육 공간 컨설팅에 참여하면서 본격적으로 문화예술교육에 관심을 갖게 되었다. 그때 교육진흥원에서도 시민문화예술교육에 '공간'이 붙으니까 이걸 어떻게 정의해야 할지, 어떻게 접근하면 좋을지, 기존의 시민문화예술교육 관점에서 들여다봐도 될지 고민하고 있었다. 컨설팅에 참여하면서 지역의 자생적인 시민문화예술교육 주체를 발굴하되, 특색 있는 공간을 유형별로 구분해서 시작해보자고 했다. 문화예술교육에서 공간이 미치는 영향이 크고 현장에 있는 활동가들도 공간에 대한 요구가 매우 많았다. 문화예술 콘텐츠가 공간과 함께 작동될 수 있도록 기획하는 것이 정말 중요하다고 여기던 때였다. '상상력을 부추기는 공간'이란 주제로 무슨 이야기를 나눌까 고민하다 보물섬이 우리 동네 갤러리로서 비주류 예술 주제를 다룬다는 기사를 보았다. '우리 동네 갤러리'의 의미와 역할이 궁금하다.

최성규 '우리 동네 갤러리'라는 기획으로 나온 기사라서 그렇다. 그 기사에 교육진흥원이 지원한 '무성영화 제작' 프로그램 사진이 나왔다. 아무래도 보수적인 지역에서 보도연맹 사건이나 코발트 광산 사건 등을 다루다보니 비주류라고 표현했던 것 같다. 대구 경북이라는 지역적 특성으로 봤을 때 보물섬이 하는 전시기획이나 문화예술교육의 방향이 좀 달랐던 것 같다.

이영범 보물섬이 그 당시 시대나 사회적 상황에 대해 저항의 목소리를 내는 전시기획이라든지 시민문화예술교육과의 접점을 확장한다는 점을 주시한 것 같다. 그런데 작가가 전시를 하면 자기 작품을 통해서 저항의 목소리를 내기가 훨씬 쉽지만, 시민문화예술교육은 참여자를 움직이기가 쉽지 않을 것 같다. 시민문화예술교육의 관점에서 주로 어떤 부분에 초점을 두고 운영하셨는지 궁금하다.

최성규 시민이 세계를 보는 눈을 가지고 주체적으로 생각하고 자기 발언을 하는 것이 정말 필요하다고 생각했다. 경산에서 문화예술교육이라고 하면 대부분 부채에 그림 그리기, 노래 교실, 도시락 만들기 같은 프로그램이 많았다. 그와 달리, 대화와 토론을 통해 함께 만들어가는 분위기 속에서 문화예술교육을 실천하고 싶었다. '시민력'을 키우는 과정이라고 할 수 있다. 작가들이야 작업을 통해 자기 색깔을 확실하게 드러

낼 수는 있지만, 시민은 그렇지 않다. 시민 한 사람 한 사람과의 만남과 이어짐이 너무 중요하다고 생각한다. 훨씬 더 자유롭고 유연하고 확장할 수 있는 범위도 더 넓다고 생각해서 관심을 많이 기울였다. 지금도 제일 기억에 남는 건 2021년 꿈다락 토요문화학교 가족여가 프로그램 '유연한 함께 살기'의 일환으로 '홀로가 사라지다'라는 프로그램을 진행하면서 전환점이 되었다.

이영범 그럼 '홀로가 사라지다'를 계기로 보물섬을 찾는 지역 주민이나 이용자의 세대나 생각, 참여도 같은 것이 많이 달라졌나?

최성규 기존에 우리 프로그램에 참여했던 분들이 다시 오는 편이었는데, '홀로가 사라지다'에서는 프로그램 내용이 달라졌고 참가자 모집도 하면서 분위기가 많이 달랐다. 가상의 인물인 '홀로'는 경산에 있는 대학에 재학중인 학생이고 오래된 원룸에서 자취하고 있었다. 이 홀로가 사라지니 친구들이 궁금해하면서 그의 원룸을 찾는 이야기다. 문화예술교육 지원사업에서 원룸을 빌리는 게 쉽지 않은 일인데, '홀로의 방'을 만들고 거기에 테이블이랑 전등도 놓고, 참가자가 원하면 프로그램이 진행되지 않을 때도 거기 가서 책도 읽고 쉴 수 있게 했다. 이 프로그램을 하고 나서, 문화예술교육을 이렇게도 할 수 있구나 싶었다. 이런 주제는 전시 프로젝트로 하기에 힘든 부분이 있다.

미술관을 벗어나
일상 공간으로

이영범 보물섬의 경우 문화예술이 제도화된 공간에 갇혀 있다가 우리의 일상생활 공간으로 확장된 것으로 보인다. 시민문화예술교육이라는 개념이 일상생활 공간과 만날 때 중요한 지점을 이야기한다면, 우리가 그것을 어떻게 기획할지, 제도화된 전시 공간에서 작품을 관람하는 것과 비교해서 이것이 하나의 문화예술이 될 수 있는지 고민하게 된다. 그런 과정으로 아주 사소하고 반복되는 일상에서 한 번쯤 묵직한 담론을 생각할 기회를 주는 거다. 그래서 '사라짐'이라는 개념도, 사람이나 주체가 사라진 거지만, 그 주체가 있던 공간이 사라졌다는 걸 인식하게 되고, 그러면서 사라짐에 대한 의문을 품게 되는 것이다. 그러면서 자신의 생활 속 다양한 장소나 공간과의 관계망을 탐색하기 시작한다. 문화예술이 제도화된 갤러리나 미술관 같은 곳에서만 펼쳐지는 것이 아니라는 메시지를 던져주는 역할을 한다는 생각이 들었다.

최성규 지금 생각해보면, '홀로'가 무엇 때문에 사라졌는지 정확히는 모르겠지만, 프로그램을 진행할 때마다 홀로가 읽었다고 생각되는 책이나, 썼다고 생각되는 글을 하나씩 던졌다. 그 존재가 남긴 흔적이거나 그림자 같은 거다. 그러면서 물리적인 공간만이 아니라 우리가 상상할 수 있는 공간까지 좀더 확장하고 싶다는 욕구가 매우 컸다. 그리고 보물섬이 있는 경산이라는 지역에서도 경계를 뛰어넘어 상상할 수 있는 일이 너무 많다. 교육 공간으로 지역 자체를 좀더 넓힐 수 있다는 생각을 많이 했다.

이영범 우리가 실제로 살고 있는 물리적인 공간뿐만 아니라 사람들이 의식 속에서 존재하는 공간을 말씀하셨다. 내가 살아왔던 실제 공간 속에서 체험했던 경험이 자신의 의식 속에서 재구성되어 또다른 장소나 공간을 받아들인다. 그래서 사람들이 가진 문화예술의 잠재력 같은 게 있지 않을까 생각하게 된다. 제가 관여했던 '문화파출소' 같은 경우도 유휴화된 파출소 지구대를 경찰청이 공간 사용권을 내고 문화체육관광부가 사업비를 내서 문화파출소로 전환했다. 초기에 사업을 구상할 때의 개념은 그동안 지역에서 공권력에 의해서 치안이 유지됐다면, 우리가 사는 시대에는 일상적인 생활문화를 통해서 동네의 치안을 대체할 수 있지 않을까, 그러니까 그것 자체가 기존에 우리가 느꼈던 억압, 권력과 권위에 대한 또

다른 저항으로 드러날 수 있다고 봤다. 공권력의 상징이자 경찰의 거점이었던 파출소 공간이 문화를 통해서 재구성되어 우리들의 공간이 되고, 그 공간을 통해서 사람들이 안정을 얻으면서 자연스럽게 문화파출소로 전환해나가는 것이다. 우리들의 일상생활에서의 저항력과 시민력을 조금씩 더 확대해나가는 것이 문화예술이 가진 힘이 아닐까 생각했다.

예전에 마포 민중의집에서 진행한 '할머니 밥상'이라는 프로그램을 컨설팅했다. 처음에는 망원동 지역에 사는 80, 90세 된 할머니들을 프로그램에 참여하도록 유도하는 것 자체가 어려웠다. 이분들은 시민문화예술이 뭔지도 잘 모르니까 시장에서 전단을 나눠드려도 쉽게 모이지 않았다. 우선 지역 활동가들이 아는 할머니 몇 분을 모셔서 시작했다. 할머니들이 평생을 어렵게 살며 가족의 세끼 밥상을 책임졌던 시절 가장 기억에 남는 음식을 해 먹으며 이야기를 듣다보니까 8~9명 정도가 모이게 되었고, 할머니의 인생을 젊은 세대가 공감하고 인정해줌으로써 그분들이 스스로 삶의 존엄, 자존감을 느끼게 했다. 문화예술이 '밥상'을 매개로 세대 간에 공유할 수 있는 자연스러운 소통의 언어가 된 것이다. 대표님도 보물섬 공간을 운영하면서 지역의 생활공간으로서 주민과 함께하는 영역이 확장하는 프로그램을 운영한 경험이 있으신가?

최성규 공간 측면에서 특별한 계획을 하진 않았지만, 저도 미술가라서 공간에 꽤 민감한 편이다. 제가 2019년부터 문화예술교육을 했는데, 문화예술교육이 이루어지고 있는 다른 공간을 몇 군데 가봤다. 되게 답답했던 건 사무실 같은 공간에 책상 놔두고 그냥 하는 것이었다. 프로그램의 분위기와 환경이 맞지 않는다는 생각이 들었다. 천장 높이나 공간이 어떤 물질로 되어 있는지에 따라 느낌이 오는 감각이 굉장히 다른데, 그런 것을 많이 경험할수록 감각이 더 풍부해진다. 그 부분이 정말 아쉬운데 우리가 그걸 채우기 위해 노력하기는 힘들다. 우리 한계 내에서 해보려고 하는 게, 코로나19 시기에는 들판이나 호수를 걷거나 아니면 따로따로 한 명씩 코발트 광산, 폐쇄된 기차역 등에 흩어져서 줌Zoom으로 연결하는 식으로 했었다. 공간이 확장된다는 느낌을 많이 받았던 것 같다. 운영하는 입장에서는 보물섬에서 하면 제일 편하기는 하다. 하지만 좀더 다른 곳도 가보고 같이 걷고, 어디에서 어디까지 오고, 이런 것을 많이 했으면 좋겠다는 생각이 들었다. 그런데 아직 못 해본 게 있다. '유물산포지'를 주제로 해서 사람들이 머릿속에서 공간을 받아들이게 해보려고 했다. 지원사업에 떨어질 거라고 다들 말려서 그만두었지만 언젠가 해보고 싶다. 그런 공간이 보물섬이라고 생각하고, 그런 생각에 관심이 정말 많다. 공간을 의식적으로 확장하고, 또 자기 은신처나 아지트같이 만들고, 이런 것들이 좀 많이 섞여 있으면 좋겠다.

이영범 문화예술교육 공간 컨설팅을 하다보면, 처음에는 단순하게 프로그램 기획하고 사람들 모아서 운영하다가, 이 공간을 조금씩 열면서 다양한 주체 그룹이 형성된다. 그다음 단계로 개인의 아지트나, 추억이 담긴 우물터, 담장이나 정자, 어디 가는 길이라든지, 공간의 관계 안에서 프로그램을 확장해나간다. 특정한 공간이 아니라 자기가 사는 생활 영역 안으로 다양하게 확대되어간다. 장소와 장소가 서로 연결되는, 소위 네트워크화된 형태로 공간 외연의 확장이 이뤄지는 것이다. 지역에서 시민문화예술교육 활동을 하는 사람들에게 설문을 해보면, 첫째는 본인이 꿈꾸는 것을 가능하게 하는 공간을 가졌으면 좋겠다는 것이고, 둘째는 단순히 프로그램을 운영하는 공간을 넘어서서 자기와 생각이 비슷하거나 혹은 생각은 같지만 다른 활동을 하는 사람들과 네트워크화된 형태의 거점을 만들고 싶은 욕망이 컸다. 그런 점에서 보물섬이 초기에 시민문화예술교육 접점을 갖고 시작했을 때와 지금을 비교해보면 공간의 성격이 어떤 식으로 변모해가고 있는지, 그리고 지금의 포지션을 어떻게 정의할 수 있을지 궁금하다.

최성규 보물섬이 문화예술교육만을 위한 별도의 공간을 두지는 않았지만, 2～3년 전 영화 촬영이 가능한 공간을 꾸민 적이 있다. 시민들이 단순히 한 가지 활동에 머물지 않고, 미술도 하고 싶고, 연기도 하고 싶고, 춤도 추고 싶다는 복합적인 욕망이 있었고, 그 모든 걸 아우르는 것이 '영화'라는 결론에 이르렀다. 활동이 이루어지고 나면, 보물섬 윈도 갤러리에 빔 프로젝터로 영상을 틀어놓으면 밤에 길을 지나가는 사람들도 자연스럽게 보게 되는 방식이다. 그렇게 하나의 문화예술교육 공간으로 자리잡을 수 있었지만, 이와는 별개로 조금 더 실험적인 시도가 필요하다는 생각도 든다. 잭 케루악이 쓴 책 『길 위에서』처럼, 직접 사람들을 만나며 이루어지는 방식의 활동을 상상해볼 수 있다. 히피 시대를 배경으로 한 그 책처럼, 특정 지역을 크게 설정하고 그곳을 옮겨다니며 활동하는 것이다. 이동하면서 짜인 커리큘럼이 아니라 그 공간에서만 할 수 있는 것을 즉석에서 만들어내는 방식이 가능할지 생각하고 있다.

문화예술교육에서 공간은 중요한 요소가 맞다. 하지만 더 중요한 것은 공간 자체에 대한 감각을 가지는 것이다. 단순히 공간을 점유하거나 사용한다는 차원을 넘어, 그 공간의 의미를 새롭게 전복시키는 감각이 필요하다. 어떤 장소가 새로운 맥락에서 재해석될 수 있는 가능성이다. 공간에 대한 감각은 단순히 물리적인 것이 아니다. 사회적·역사적 맥락에서 변화할 수도 있고, 감각적으로도 민감하게 반응할 수 있어야 한다. 그래서 보물섬은 하나의 고정된 거점 공간의 역할을 가지고 있으면서도, 더 나아가 유동적이고 확장할 수 있는 공간적 기능을 함께 고민하고 있다. 이는 문화예술교육이 나아가야 할 방향에 대한 중요한 시사점이라고 본다.

공간의 의미를 바꾸고 확장하기

이영범 예전에 시민단체와 함께 동네에서 버려진 공간을 주민과 같이 발굴하는 작업을 오래 했다. '이 공간을 우리가 어떻게 바꿔낼 수 있을까?' 이런 질문부터 던지면 굉장히 어색해하고 참여도도 낮다. 주민의 눈높이에 맞춰 함께 재미나게 문화예술 프로그램을 운영하면 변화가 느껴진다. 하다보면 지나가던 이들도 구경하고, 관심도 두고, 간섭도 하고, 참여도 하면서 관계망이 점점 넓혀져간다. 그러면 방관하거나 소극적인 입장에 머물러 있던 주민들 사이에 생각의 변화가 일어난다. 근데 누군가가 와서 공간을 예쁘게 바꿔주고 떠나버리면 거기에는 이미 주인의식이라는 건 없으므로 아무리 해도 지속 가능하지 않다. 보잘것없더라도 시작부터 주민과 함께 뭔가를 작당해서 그들의 손으로 공간을 조금씩 더 다듬어나갈 수 있는 여지를 만들어주는 게 오히려 많은 사업비를 들여서 멋있게 만드는 것보다 훨씬 더 중요하다. 그것이 문화예술교육이다. 자발적 시민문화예술교육의 콘텐츠, 프로그램이 들어가면 고민을 해결할 가능성이 커졌던 것 같다. 그래서 보물섬 같은 공간이 지역 밖으로 더 나가서 그 지역이 가진 장소성에 결합한 형태로 지역 주민들과 함께하는 문화예술을 발굴하고, 체험하고, 공유하는 사회적 소통의 장을 만드는 것이 필요하다. 지역에서 공간을 운영하면서 느끼는 답답함이나 절실하게 필요한 것이 있다면 무엇인가? 문화예술교육 지원사업은 대부분 프로그램 지원이 많다. 시설 지원이 없다는 점이 불편할 것 같기도 하다.

최성규 시설 지원보다 자유로움이 없는 게 문제인 것 같다. 만약 계획상 오늘 시나리오 작성을 하기로 했더라도 예술교육가가 오늘 분위기를 보고 다른 쪽으로 가야 한다고 판단하면 유연하게 받아들이고 확 변경할 수 있어야 한다. 근데 '문화예술'보다 '교육'을 강조해버리면 자유로움은 사라지고 측정하고 인식하는 프로그램이 된다. 그러면 아무리 해도 상상력이나 공간, 시간에 대한 감각이 제한받게 되는 것이다. 한 3~4년 전에는 그런 실험적인 지원사업이 많았는데 최근엔 줄어든 것 같다. 시설 측면에서는 온라인으로 교육할 때 좀 아쉬웠다. 65세 이상 어르신을 위한 디지털 온라인 교육을 한 적이 있는데, 그중에서 한 분이 지금도 북튜버로 시도 쓰고 책도 써서 꾸준히 올리셔서 EBS 방송에도 나왔다. 이런 '온라인 창작소'가 상시로 있어야 할 것 같다. 서울은 잘 모르겠지만, 경산에서는 코로나 때 반짝하고 나서 남은 게 없다. 프로그램이 끝나면 배울 데가 없다.

이영범 온라인 창작소처럼 문화예술교육 관점에서 시민과 뭔가를 해나갈 때, 지속성을 가지기 위해 공적 지원이 필요할 때가 있다. 그런 관점에서 민간 차원의 활동이 주민과 밀착된 형태로 지속되기 위하여 가장 필요한 것이 있다면 무엇일까.

최성규 많다. 제일 중요한 건 정치가 바뀌어야 한다. (일동 웃음) 어느 지역에서는 민간이라는 단어가 독립적이고 주체적이라는 뜻이 아니라 허접하고 영세하다는 의미로 쓰인다. 민간보다 관공서에서 하는 것을 더 선호하기도 한다. 시민으로서 책임감을 갖추는 데 문화예술교육이 할 수 있는 일이 뭔가 생각하면 참 허무하다. 지역의 문화예술교육 거점으로서 그런 것을 최소한 지켜내고 만들 수 있는 부분이 필요하다.

이영범 굉장히 어려운 문제다. 보수든 진보든 상관없이 대화가 이뤄지지 않을 정도로 외골수적인 태도를 보이는 사람들을 마주할 때, 과연 문화예술이 어떤 역할을 할 수 있는가 생각하게 된다. 문화예술이 그런 고정관념을 조금이라도 풀어내거나, 새로운 시각을 제공할 수 있을까?

최성규 사실 이런 상황에서는 대화를 시작하는 것조차 쉽지 않지만 그렇다고 해서 문화예술의 가능성을 무시할 수는 없다. 예술은 사람의 감각과 사고를 자극하고, 기존의 틀에서 벗어나게 할 힘이 있다. 물론, 그게 단번에 이루어지는 건 아니다. 아주 느리고, 때로는 보이지 않을 만큼 미미한 변화일 수도 있다. 그렇지만 그런 가능성에 희망을 두고 시도해야 한다고 본다. 한 사람의 생각을 완전히 바꾸는 게 아니라, 그 사람도 모르고 있던 작은 균열을 만드는 것이다. 그 균열이 더 큰 변화로 이어질 가능성을 열어주는 것, 그게 문화예술이 할 수 있는 역할 중 하나라고 생각한다.

이영범 자발성과 주체성뿐만 아니라, 관계 회복에도 문화예술이 중요한 작용을 한다고 생각한다. 시민문화예술교육 지원사업 '시시콜콜' 중 울산 산업단지 근로자와 함께한 프로그램이 있다. 산업단지 근로자들이 3교대로 일하다보니 자녀와의 관계가 많이 단절되었다. 아빠가 자녀에게 다가가고 싶어도 기회가 없고 서툴렀다. 그때 '가족송 만들기'란 프로그램이 진행되면서 아빠가 딸에게 자기 어린 시절 이야기를 전하고, 딸은 아빠에게 그런 이야기를 처음 듣게 되었다. 아빠와 딸이 스마트폰을 이용해 가사를 쓰고 대화할 기회를 얻으면서 두 사람의 관계가 점차 회복되기 시작했다. 그 프로그램을 통해 나는 문화예술이 단순히 예술적인 표현을 넘어서, 사람들 간의 관계를 회복시키는 중요한 기능을 한다는 것을 깨달았다. 그 가사 안에 공업도시 울산에서 사는 노동자의 삶과 근로조건, 가족성이 녹아들어갔고, 그들이 사는 집, 일터, 그리고 주변의 모든 공간이 하나의 전체적인 그림을 이루었다. 가족성이라는 개념이, 함께 사는 집뿐만 아니라 사회적·물리적 공간과 함께 묶여서 더 넓은 범위로 드러난다고 느꼈다.

"나는 문화예술이 단순히 예술적인 표현을
넘어서, 사람들 간의 관계를 회복시키는 중요한
기능을 한다는 것을 깨달았다."

-이영범

"한 사람의 생각을 완전히 바꾸는 게 아니라,
그 사람도 모르고 있던
작은 균열을 만드는 것이다.
그 균열이 더 큰 변화로 이어질 가능성을
열어주는 것, 그게 문화예술이
할 수 있는 역할 중 하나라고 생각한다."

-최성규

최성규 말씀을 듣다보니 경산의 위치가 이해된다. 경산은 대구와 지역번호가 같은데, 행정적으로는 경상북도에 속한다. 대구에는 갤러리가 많은데, 경산에는 갤러리가 거의 없다. 문화 소비는 대구에서 하고, 경산에서는 생활만 하는 사람이 많다. 그때 내가 느꼈던 건, 공간에 대한 평등성에 문제가 있다는 것이다. 지역마다 모두 같은 자연환경을 가지고 있는데, 그 지역의 가치가 차별적으로 평가받고 있다는 생각이 들었다. 경산에 있는 나무, 풀, 바람, 이런 자연적인 요소가 그 지역만의 특성이 될 수 있지 않겠나. 지역과의 연결을 만들면서, 그 지역에서 나오는 것을 가치 있게 받아들이고, 지역에 대한 애정을 만들어 문화를 키워가려고 했다. 그러면서 공간의 평등성 같은 것을 얘기하고, 좀더 평등한 접근을 가능하게 하려 했다. 하지만, 위계질서가 있는 곳에서는 이런 공간의 평등성이 잘 만들어지지 않는 것 같았다. 그런 점에서 변화가 필요하다는 생각이 든다. 이번에 사립미술관 전문인력 지원사업 평가를 위해 광주·전남에 가봤는데 경산과 분위기가 너무 달랐다. 대한민국에서는 지역마다 장소나 공간이 가진 개념이나 풀어나가야 할 숙제 같은 것이 일관되지 않고 각 지역에 맞는 뭔가가 필요하다는 생각이 들었다.

이영범 장소성의 문제다. 장소성은 그 장소가 가진 특성이나 환경적 요인뿐만 아니라, 그곳을 이용했던 사람들의 기억이나 행위 같은 것이 묶여 있는 총체적인 개념이다. 그런 점에서 보면 사람들이 자기가 늘 익숙하게 해왔던 방식으로 그것들을 또 경험하고 만난다. 거기에 문화예술이 하나의 프리즘으로 들어가면 다르게 보기, 낯설게 보기가 가능해진다. 또다른 한편에서는 사소하게 지나쳐버렸던 것, 중요하지 않다고 생각했던 것을 다시 생각하게 하는 역할도 있다. 결국, 특정한 장소와 사람들이 가진 그 장소에 대한 기억 사이에 문화예술이 개입함으로써 가능한 것이다.

문화예술교육 거점의 역할

이영범 내가 사는 동네, 늘 지나다니는 길이라도 나에게 어떤 특정한 장소로서 기억되지 않을 수 있다. 예를 들면 어떤 사람이 길목에서 길냥이를 관찰하게 되고, 그때그때 물통과 먹이를 주고 관심을 가지면서 일상적 삶과 공간이 관계를 맺을 때 장소로서의 특별한 의미를 갖는다. 그러니까 관념적인 공간의 형태도 있었지만, 구체적으로 기억해낼 수 있는 경험을 통해서 그 공간에 대한 기억이 다시 드러난다. 그 기억을 본인이 재현해낼 때 특정한 장소로서의 의미가 생긴다. 그러니까 장소는 하나의 특정한 공간이 아니라 내가 살아가는 삶의 전체적인 시간 단위 안에서 어떤 사건들로 쭉 구성될 수 있는 그런 공간의 전체적인 집합이다.

공간을 운영하는 사람이 아무리 멋진 프로그램을 기획하고 사람들을 끌어모은다고 '거점'이 되는 게 아니다. 지역 속으로 파고들어 '시민력'을 만들어낼 때 거점이 될 수 있다. 아무래도 계속 '시민력'이라는 개념을 이야기하게 되는데, 누군가의 공간이 아니라 내가 사는 동네에 있는 우리를 위한 공간에 관심을 두고 적극적으로 활동하면서 자기 주도성이나 자발성을 발휘하게 된다. 그걸 계기로 또다른 사람들이 들어오고 나가는 과정을 통해서 관계가 확장되면서 저 공간에서 뭔가 해보고 싶다는 욕망 같은 걸 꿈꾸게 한다. 결국 거점이 된다는 건, 지역사회에서 사람들이 그 공간을 자신들이 주인이자 주체로서 나설 수 있는 힘을 얼마만큼 키워내고 공간의 자발성이나 주민의 자기 주도성을 얼마만큼 확보해내느냐에 달려 있다. 실제로 공간을 운영하는 대표님은 어떻게 보시는지 궁금하다.

최성규 원장님이 말씀하신 것처럼 주민의 자기 주도성을 얼마만큼 확보해내느냐가 중요한 것 같다. 좀 덧붙여서 얘기하면, 지역에서 막혀 있는 문제를 유연하게 풀고 부드러운 저항을 통해서 틈을 만들어내는 실험을 지속하거나 끊임없이 문제 제기할 수 있는 곳이어야 하지 않은가 싶다. 외형적으로 성공하고 확장했다고 그것을 지역의 거점이라고 할 수 있는지 의문이다. 시민의 주도성도 있어야 하지만, 그 공간의 주도성도 같이 갖춰져야 할 것이다. 미학적으로 볼 때, 공간이 장소가 되기 위해서는 감각적으로 들어가야 한다. 어렸을 때 시골에 잠시 살았던 적이 있었는데, 학교 땡땡이치고 짚더미 안에 종일 숨어 있다가 집에 갔던 기억이 있다. 그때 짚더미 안에 만든 나의 아지트뿐 아니라 냄새와 거친 촉감이 지금도 기억에 남아 있다. 촉각, 시각, 청각 같은 감각, 공간이 가지고 있는 독특한 것들, 결국 이런 기억과 체험을 통해서 장소가 된다는 생각이 들기도 한다. 나에게 익숙한 그 장소에 대한 기억을 더 확장된 공간 개념으로 만드는 과정을 문화예술교육이 해낼 수 있지 않을까.

이영범 지역에서 문화예술 주체들이 자신이 공간을 운영하고 거점화하고 싶어하는 것은 관계 확장의 의미가 큰 것 같다. 연대하고 협력해서 하고 싶은 것이 매우 많다. 그러니까 공간 차원의 문제만이 아니라 관계 확장을 통해서 서로 할 수 있는 역할을 함께 작당하고 그것을 통해 지역에 뿌려지고 씨앗이 발아되기를 바라서가 아닐까. 앞서 말씀하셨던 것처럼, 시민문화예술공간을 사회적 거점의 개념으로 보면 끊임없이 저항의 목소리를 내고, 전혀 다르게 생각하고, 기억하고 실천해내는 역할이 정말 중요하다.

최성규

시각예술가이지만 전시기획, 문화예술교육에도 관심이 많다. 독일 유학 이후 소그룹 미술활동에 관심이 많아서 대구 기반 미술 작가 그룹 썬데이페이퍼를 결성하여 활동했고, 지금은 경산에서 미술중심공간 보물섬을 운영하고 있다. 어느 곳에서나 문화예술을 매개로 창의적인 인생과 활동이 가능하고 필요하다고 생각한다. 창조적이며 미학적인 삶이 일상을 통해서 추구되기를 소망한다.

이영범

시민문화예술교육 '시시콜콜' 공간 컨설턴트와 2016 문화파출소 조성·운영 사업 자문위원으로 활동했다. 도시재생, 공공성, 커뮤니티 디자인에 관심을 갖고 현장과 이론을 넘나들며 활동하고 있다. 건축공간연구원 원장, 경기대학교 창의공과대학 건축학과 교수로 재직중이며, 『우리, 마을 만들기』(공저), 『학교 공간, 어떻게 바꿀 수 있을까?』(공저) 등 다수의 책을 썼다.

물리적 공간을 넘어 시민력이 꿈틀대는 장소로

미적 인간을 위한 스무 개의 대화사전
문화예술교육의 오래된 화두를 던지다

©한국문화예술교육진흥원 2025

초판 인쇄 2025년 6월 27일
초판 발행 2025년 7월 4일

엮은이 한국문화예술교육진흥원

기획 총괄 한국문화예술교육진흥원 김주리 최영희 장효선 이현민 김윤희
공동 기획 및 대담 기록 프로젝트 궁리 남은정 주소진 최순화 강지영 박희연 **사진** 박영균
대담 신승환 정원철 김월식 김혜일 안진나 황유진 고무신 김숙희 김율리아 박진희 고영직
   박지선 박찬국 제환정 김탕 송수연 김현주 서지혜 이영범 최성규

책임편집 이자영 **편집** 주다인 이연실 **디자인** 김문비
마케팅 김도윤 **브랜딩** 함유지 박민재 이송이 박다솔 조다현 김하연 이준희
저작권 박지영 주은수 오서영
제작 강신은 김동욱 이순호 **제작처** 천광인쇄사

펴낸곳 ㈜이야기장수 **펴낸이** 이연실
출판등록 2024년 4월 9일 제2024-000061호
주소 10881 경기도 파주시 회동길 455-3 3층
문의전화 031-8071-8681(마케팅) 031-8071-8684(편집)
팩스 031-955-8855 **전자우편** pro@munhak.com
인스타그램 @promunhak

ISBN 979-11-94184-37-9 03100

◦ 이야기장수는 ㈜문학동네의 계열사입니다.
◦ 이 책의 판권은 지은이와 이야기장수에 있습니다.
  책 내용의 전부 또는 일부를 재사용하려면 반드시 양측의 서면 동의를 받아야 합니다.
◦ 잘못된 책은 구입하신 서점에서 교환해드립니다.
  기타 교환 문의: 031-955-2661, 3580

한국문화예술교육진흥원

◦ 이 책은 문화예술교육 정책 20주년을 기념하여 문화체육관광부와 한국문화예술교육진흥원의 지원으로 발간되었습니다.
◦ 한국문화예술교육진흥원은 2005년 「문화예술교육지원법」 제10조를 근거로 설립된 문화체육관광부 산하 공공기관입니다. 학교·사회 문화예술교육 활성화 지원, 정책 진흥 기반 조성, 상호 연계 협력망 구축·운영, 학술 연구 및 조사, 전문 인력 양성, 국제 교류 등의 업무를 수행하고 있습니다.